기업 사례
따라 하면
성공하는
B2B 마케팅

기업 사례 따라 하면 성공하는 B2B 마케팅

초판 1쇄 발행 2023년 9월 15일

지은이 홍승민
펴낸이 장길수
펴낸곳 지식과감성#
출판등록 제2012-000081호

교정 김지원
디자인 서혜인
편집 서혜인
검수 정은솔, 이현
마케팅 김윤길

주소 서울시 금천구 벚꽃로298 대륭포스트타워6차 1212호
전화 070-4651-3730~4
팩스 070-4325-7006
이메일 ksbookup@naver.com
홈페이지 www.knsbookup.com

ISBN 979-11-392-1279-2(03320)
값 17,000원

- 이 책의 판권은 지은이에게 있습니다.
- 이 책 내용의 전부 또는 일부를 재사용하려면 반드시 지은이의 서면 동의를 받아야 합니다.
- 잘못된 책은 구입하신 곳에서 바꾸어 드립니다.

지식과감성#
홈페이지 바로가기

기업 사례 따라 하면 성공하는 B2B 마케팅

| 홍승민 지음 |

**책 내용의 1/3만 따라 하셔도 B to B 마케팅
좀 친다는 사내 평판을 들으실 수 있습니다**

: 목차

1 . 고객사 구매 행동 이해하기_10

2 . B to B 구매 프로세스 이해하기_18

3 . B to B 고객 개발 방법_21

4 . 고객 특정하기_31

5 . 고객사의 수익성_39

6 . 협상에서 승리하기 위한 조건_46

7 . 거시 환경 분석_58

8 . SWOT 분석_67

9 . B to B STP 전략_Segmentation (고객 세분화)_79

10 . B to B STP 전략_Targeting (목표 시장 설정)_92

11 . B to B STP 전략_Positioning_96

12 . B to B 4P_Product_ 105

13 . B to B 4P_Price_ 116

14 . B to B 4P_Promotion_ 126

15 . B to B 4P_Place 유통_ 134

16 . B to B 유통 전략_대리점 구축하는 방법_ 144

17 . B to B 구독 경제 사업 모델_ 155

18 . Foot In The Door_ 163

19 . 내부 수익률 분석_ 168

20 . Just In Time Delivery System_ 172

21 . 결정권자 Direct Sale 방법_ 178

22 . 자사의 브랜드를 측정하는 방법_ 183

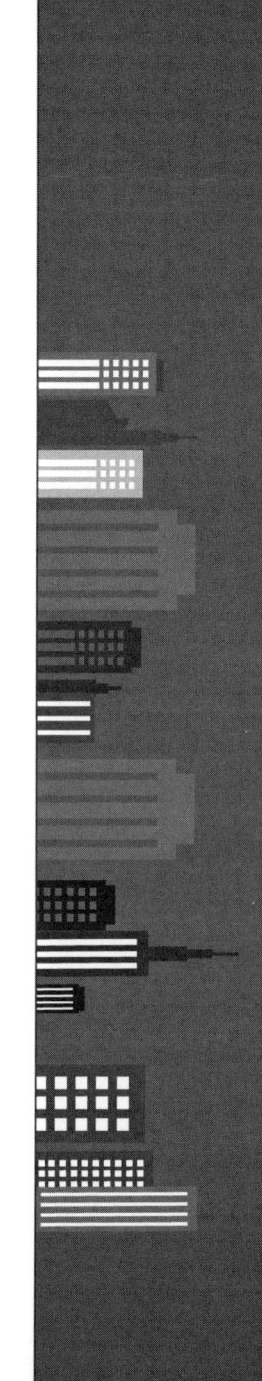

머리말

안녕하세요 독자님.

책을 구입해 주셔서 감사합니다. 아마도 독자님께서는 B to B 관련 업무를 하고 계시는군요.

제가 경영지도사를 처음 하게 되던 해 겨울에 우리나라 기업 현황을 조사해 봤습니다. 통계청 자료에 따르면 중소기업 숫자는 700만 개가 넘는 전체 사업체 수의 99.9%입니다. 그리고 종사자 숫자 역시 81.3%로 1,700만 명이 넘습니다. 이를 조금 확대해서 해석하면 우리나라 대부분의 중소기업은 대기업에 납품을 하면서 사업을 하는 구조라 해도 그렇게 심하지 않습니다. 즉 대부분 B to B라는 것입니다. 저 역시 기업에 근무했던 시절 고객은 일반 고객이 아닌 고객사였습니다. 즉 B to B였습니다.

하지만 우리가 쉽게 접하는 마케팅은 대부분 B to C입니다. 사실 B to C와 B to B의 마케팅 방법은 크게 차이가 없다고 생각합니다. 아무래도 그런 이유인지 B to B 마케팅 서적이 없는 것도 이해는 합니다. 수요는 있지만, 공급자 입장에서 B to C와 B to B는 거의 차이가 없기에 굳이 B to B 마케팅 관련 서적을 만들 필요가 없으니 말이죠. 하지만, B to C와 B to B의 마케팅 차이를 명확하게 이해하고 적합하게 마케팅을 하는 사람들은 몇 명이나 있을지 생각해 보면, 아마 거의 없지 않나 생각합니다. 이러한 생각 역시 제가 직접 공부하고 관련 전문가이다 보니 이런 생각을 한 것이지 전문가가 아닌 사람들 입장에서는 왜 B to B 마케팅 서적이 없는지 안타까울 것입니다. 비전문가 입장에서는 B to B 마케팅이 필요하지 일반적인 B to C 마케팅이 필요한 게 아니기 때문이죠. 심지어 공부를 하기 위해 책과 인터넷 자료를 찾아보아도, 대부분 하나 마나 한 이야기를 열거한 수준에 불과합니다. 심지어 그냥 본인의 경험을 일반적인 관점에서 작성한 글이라든지 또는 열심히 블로그를 하고 홈페이지를 잘 만들면 성공한다는 이상한 이야기를 한다든지, 또는 그냥 전자상거래에 낚시질을 하기 위한 문구 설정 방법을 알려 주면서 B to B 마케팅이라고 합니다. 다소 민망하긴 하지만, 그런 거 읽지 말고 그냥 이거 보십시오. 그런 글들 마케팅에 M 자도 모릅니다. 이 책은 고객사를 발굴하려면 어디서부터 해야 하는지, 우리 제품이나 서비스 가격을 결정하려면 얼마에 해야 하는지 등등 마케팅의 가장 기본적인 것을 이론 중심으로 설명하고 예시를 들어 이해하기 쉽게 작성했습니다. 그리고 구어체로 작성하여 술술 읽기 편하게 글을 썼습니다. 마치 약간 꼰대스럽지만, 뭔가 많이 아는 부장님이 대리, 과장에게 강의하듯 말입니다. 그래서 일부러 본서와 확장판 두 가지로 구분했습니다.

본 책을 마케팅 관련 전문적인 공부를 하시거나 아니면 저와 같은 경영지도사(마케팅)이시거나 하는 분들은 아마 '학술적 의미'는 부족하다고 생각하실 수 있습니다. 당연한 것이 본 책은 전문가들을 위한 지침서가 아닙니다. 본 책은 사회 초년생에서 과장급까지만을 대상으로 합니다. 그렇기에 책 가격이나 분량 등 매우 심플하게 만들기 위해 노력했습니다.

책 내용의 1/3만 따라 하셔도 B to B 마케팅 좀 친다는 사내 평판을 들으실 수 있습니다.

2023년 무더운 여름이 오기 전 군포에서

고객사 구매 행동 이해하기

구매 행동을 이해한다는 것은 여간 어려운 것이 아닙니다. 먼저 B to C를 기준으로 먼저 생각하면, 일반 소비재에서는 모든 소비자의 기호가 모두 다릅니다. 즉 모든 기호가 다르기에 모든 소비자는 서로 상이한 구매 행동을 보여 줍니다. 그렇기 때문에 우리는 고객을 특정하고 특정된 고객의 특징에 따라 고객을 그룹화하여 그룹에 맞는 마케팅 전략을 세웁니다. 이른바 고객 세그먼트를 이야기하는 것입니다. 이렇듯 우리가 마케팅 계획을 세울 때 소비자의 구매 행동을 잘 이해한다면 각 소비자의 기호에 따라 개별적 행동을 하는 '소비자 행동 단계'에 따라 소비자의 편익 제공 또는 적합한 광고 메시지를 보여 줌으로써 우리 제품의 판매 가능성을 올려 줄 수 있습니다.

하지만 일반 소비자가 아닌 기업 즉 산업재의 경우에는 어떨까요? 산업재 즉 B to B 구매 프로세스상 고객사가 보여 주는 구매 행동은 일반 소비재보다 매우 복잡하고 변화가 어려우며 매 단계 서로 다른 목적의 관문이 기다립니다. 즉 일반 소비자보다 고객사는 더 어려운 구매 행동을 보여 줍니다. 하지만, 그럼에도 불구하고 고객사는 B to C와 마찬가지로 규칙적인 패턴이 있습니다. 우리는 이러한 패턴을 알아보면서 우리 제품 판매를 위한 B to B 구매 행동에 대해 알아보겠습니다.

산업재의 구매 행동 프로세스를 이해하기 위해서는 먼저 일반 소비자의 구매 행동을 이해해야 합니다.

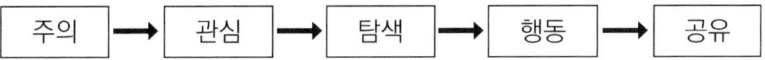

위 프로세스는 일반적인 구매 행동 프로세스로 실제 구매 행동까지는 더 복잡한 단계가 있습니다.

주의: 제품에 대한 욕구가 발생하는 단계입니다.
관심: 욕구를 충족시키기 위해 좀 더 집중하는 단계입니다.
탐색: 욕구가 높아지면 욕구 충족을 위한 정보 탐색을 시작합니다.
행동: 욕구 충족을 위한 적합한 제품이 있으면 구매하고 사용합니다.
공유: 구매와 상관없이 제품에 대한 느낌이나 경험을 공유합니다. 보통 사용 후 공유를 하게 됩니다.

가장 일반적인 구매 행동 프로세스를 정리해 보았습니다. 이러한 프로세스는 B to B에서도 똑같이 발생합니다. 결국 구입은 사람이 하는 것이기에 유사한 프로세스가 도입되는데, 좀 더 복잡한 단계가 더 있습니다. 단계가 더 복잡한 이유는 책임에 대한 귀인과 비용 지불 주체가 다르기 때문입니다. 그럼 B to B 구매 행동 프로세스를 확인하면서 각 단계별 특징에 대해 먼저 알아보고 각 단계별 대응 방법에 대해 알아보겠습니다.

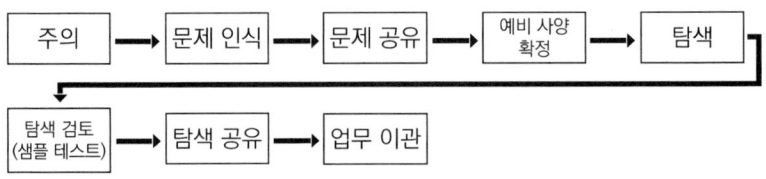

주의

관련 부서의 욕구 또는 개인의 욕구에 의해서 관심이 올라가는 단계입니다. 일반 소비자 행동의 주의 시간보다 시간이 더 소요되는 경향이 있습니다만, 초기 주의 단계는 일반 소비 방법에서의 '주의'와 기업 구매에서의 '주의'에서 행하여지는 행동은 유사합니다. 기업 구매 행동에서 '주의' 단계가 조금 더 시간이 걸리는 이유는, 주의를 기울일 때 개인보다는 조금 더 조직을 생각하고 최종 결과물에 대해서 사고하기 때문입니다.

문제 인식

문제에 대한 관심 단계 중 하나로 욕구에 대해서 실질적인 문제점을 인지하고 이를 개선하기 위한 욕구가 증폭되는 시점입니다. 이때의 전형적인 특징은 인식된 문제에 대해 스스로 사고를 확장하고 확장된 사고를 명분화하기 위한 전 단계입니다.

문제 공유

문제에 대한 관심 단계 중 하나로 문제에 대한 욕구를 혼자의 경험이 아닌 관계된 사람과 공유합니다. 이러한 과정을 통해서 본인의 욕구에 대한 명분을 확고하게 생각합니다.

문제 인식 단계와 문제 공유 단계는 '관심 단계'에 해당하며 문제 인식 단계에서 명분화를 만들었다면 이를 공유함으로써 스스로 결정한 명분에 대해 확고한 신념을 갖고 그러한 신념을 전파하는 단계입니다.

예비 사양 확정

문제점을 공유하면서 내부적으로 예비 사양을 확정합니다. 이때 결정되는 사양은 적정 수준에 대한 물리적 사양과 구매하는 제품이나 서비스의 비용 등 일반적인 것들에 해당되며, 이때 결정된 예비 사양은 언제든 변경됩니다.

탐색

예비 확정이 된 사양을 기준으로 제품을 탐색하게 됩니다. 정해진 예비 사양에 대해서 정보를 고도화하고 수정하며 사양을 좀 더 확실하게 결정하는 단계입니다.

탐색 검토

탐색한 정보를 면밀하게 분석하는 단계로 주로 샘플 테스트 등을 통해 예비 사양의 보완 및 사양 확정이 됩니다. 이때 결정되는 업체 및 사양은 사실상 최종 사양에 가깝게 결정됩니다. 제품의 사양과 가격 그리고 검토한 기업에 대한 예비 평가 등에 해당되며 이때 2~3개의 기업을 복수로 결정하게 되는 것이 일반적입니다.

탐색 공유

최종 결정된 사양과 관련 정보를, 같은 문제를 공유하고 있는 타인 또는 다른 부서와 공유합니다. 이러한 공유를 통해서 결정된 사양과 업체들에 대해 일정 부분 결정하게 됩니다.

업무 이관

제품 구입을 위해 구입을 담당하는 부서와 기타 다른 부서에 업무를 이관하며 본인의 업무로 복귀하게 됩니다.

고객사의 구매 행동 프로세스에 대해 이해하였습니다. 이제 각 프로세스별 우리가 대입 가능한 마케팅 전략에 대해 이야기해 보겠습니다.

주의_전략

목표로 하는 고객이 한 번의 교감도 없는 상태라면 특별히 할 것은 없습니다. 반면 한 번이라도 교감이 있는 고객이라면, 그들과 소통하면서 그들의 욕구를 찾아내어 우리 제품이나 서비스를 소개할 수 있습니다.

문제 인식_전략

주의 단계와 마찬가지인 상태입니다. 주의 단계의 대응보다는 좀 더 밀접하게 접근이 가능합니다. 우리 제품이나 서비스의 특장점에 대해 사용자 입장에서 접근하는 정보를 제공하는 것이 바람직합니다.

문제 공유_전략

우리 제품이나 서비스의 장점에 대해 욕구를 느끼는 고객사 담당자 이외에도 다른 담당자들과 내용을 공유하게 유도하거나 또는 담당자의 요구 사항을 충분히 들어 줌으로써 담당자와 우리는 같은 의견이라는 것을 인지시켜 줍니다.

예비 사양 확정_전략

담당자와 지속적인 협의를 통해 우리 제품이나 서비스의 사양이 적용되기 유리하도록 제안이 가능합니다.

탐색_전략

예비 확장된 사양 중심으로 고객사는 다양한 탐색을 합니다. 이때 우리가 우리의 경쟁사를 소개해 줘도 됩니다. 고객사는 정보가 필요하지, 꼭 해당 기업으로 결정하겠다는 것이 아니기 때문입니다.

탐색 검토_전략
고객사는 수집된 정보를 기준으로 샘플 테스트 등을 진행하는 과정에서 상황에 따라 테스트가 어려울 수 있습니다. 또는 특정 기업에 대한 추가적인 정보가 필요하기도 합니다. 이때 우리는 고객사를 지원해 주면 고객사와 더 높은 수준의 신뢰가 형성됩니다.

탐색 공유_전략
고객사의 담당자와 고객사 내부적으로 탐색 정보를 공유함에 있어 지원 가능한 부분을 지원한다면, 고객사 담당자뿐만 아니라 관련 부서도 우리 기업을 신뢰할 수 있습니다. 탐색 단계에서 지원 가능한 것은 고객사가 내린 결론 즉 탐색 정보가 정확하다는 것에 신뢰성을 주는 지원이 효과적입니다.

업무 이관_전략
업무 이관 단계에서는 지원할 항목이 적습니다.

B to C와 B to B의 구매 행동 프로세스는 좀 더 복잡한 단계냐 아니냐의 차이점 이외에는 유사한 프로세스를 보여 주고 있습니다. 이러한 프로세스는 결국 사람이 일하기 때문입니다. 물론 이러한 과정

에서 사람이 하기에 좀 더 고객사를 이해하며 접근해야 합니다.

　기업 즉 고객사의 구매 행동은 매우 복잡하고 보수적이며 이익과 명분 둘 다 확보하는 경향성이 높습니다. 이러한 프로세스에 대해서 검토하고 분석하여 고객사를 지원한다면 우리 제품이나 서비스를 선택하지 않을까요?

B to B 구매 프로세스 이해하기

B to B 구매 프로세스는 관련된 부서들이 많고 각 부서별로 지향하는 목적과 명분이 다르므로 매우 복잡한 프로세스를 가지고 있습니다. 이러한 프로세스는 고객사의 규모에 따라 다르게 적용됩니다. 구매부, 생산부, 관리부 등이 구분되지 않은 경우에는 필요자 → 기안 → 주문 → 제품 수취 → 사용 이렇게 단계가 단순하지만, 관련된 부서가 많고 지향하는점이 다르다면 매우 복잡해집니다. 아래 도식은 일반적인 프로세스를 말해 줍니다. 이 프로세스에서 관련 부서가 뭉칠 경우 단계는 단순해집니다.

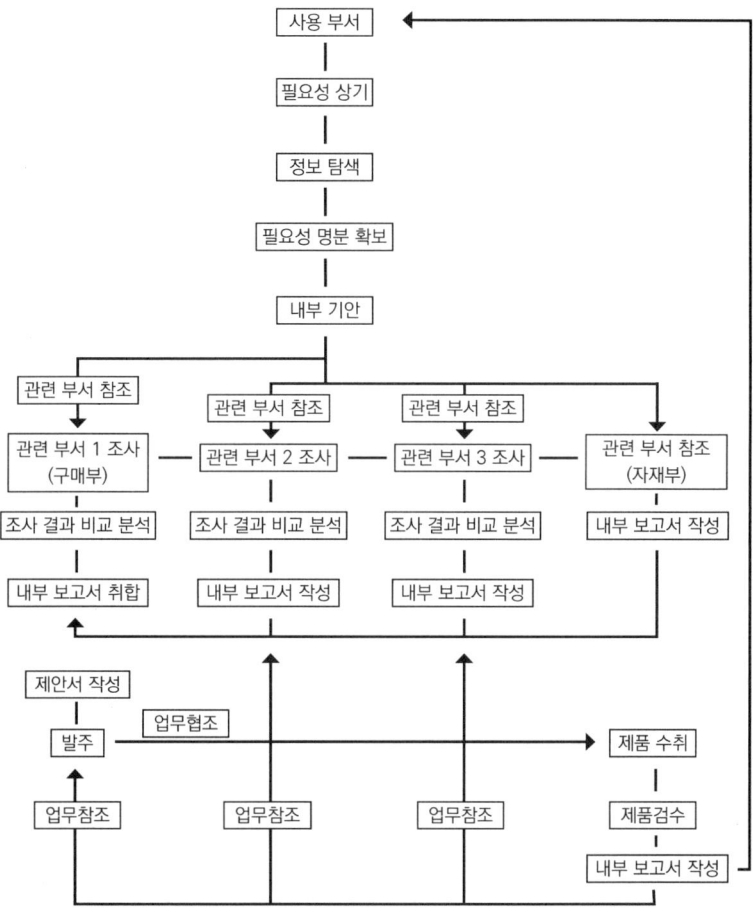

　도식에서 확인이 가능하듯이 제품 하나를 구입하는 데에도 여러 가지 부서들이 서로 간에 내부 목적에 맞는 행동들을 합니다. 부서를 특정하지 않은 관련 부서 2, 3의 경우에는 예를 들어 생산기술팀, 품질검수팀, 대외협력팀 등이 될 수 있겠습니다. 즉 사용 부서, 우리 제품을 필요로 하는 부서가 정보를 탐색하는 경우 우리 기업에 연락을 해 옵니다. 우리는 이때부터 영업이 시작되며, 각 부서별 목적에 맞는 행동들을 하면 됩니다. 예를 들면, 기술팀에게는 우리 제품을 사용할 때 고객사의 제품이 고도화되는 것을 설명한다든가 또는 우리 것을 사용함으로써 생산에 어떠한 긍정적인 또는 아무런 영향이 없는 것을 설명해야 합니다. 아무런 영향이 없다는 것은 고객사의 계획에 차질이 없다는 이야기입니다. 또 자재과라면 먼저 우리 자재에 대한 관리를 어떻게 하는지 전달할 수도 있으며 품질검수팀이 따로 있는 기업이라면 우리 제품의 품질 검수 방법에 대해서도 알려 줘야 합니다. 이렇듯 고객사의 구매 프로세스는 매우 복잡합니다.

프로세스가 복잡한 것은 우리의 해결 과제이기도 하지만 고객사 내부적인 해결 과제이기도 합니다. 다시 말씀드리면, 각 부서 간 정보 공유가 원활하지 않으면 우리가 제공하는 정보를 서로 공유하지 않습니다. 반대로 생각하면 모든 부서의 정보 탐색 프로세스를 응용하여 각 프로세스별 수집되는 정보를 통제한다면 고객사는 우리가 제공하는 정보 내에서 정보를 탐색할 수밖에 없는 상황에 놓입니다. 이렇게 우리가 고객사의 각 프로세스별로 적합한 설명서, 회사소개서, 제안서 등을 미리 확보하고 있다면, 고객사의 요구 사항에 대해 즉각적인 대응이 가능해집니다.

B to B 고객 개발 방법

B to B 마케팅을 하는 목적은 당연하게도 수익 창출이 가장 큰 부분일 것이고 수익을 위해서는 당연하게도 고객이 있어야 합니다. 그래서 우리는 꾸준하게 고객사를 발굴하고 있으며 항상 그들의 목적과 니즈를 확인하기 위해 많은 연구를 하고 있습니다. 우리는 이런 것을 매우 쉽게 한 단어로 '영업'이라고 합니다.

B to C 영업은 매장을 차리고 제품을 홍보하면 사람들이 찾아와 매출이 발생합니다. 하지만 기업을 대상으로 하게 되면 어디에 어떤 식으로 해야 할지 갑갑하기만 합니다. 이제 품질이 우수하고 가격이 적절한 제품이나 서비스를 확보하고 있다는 전제 아래 (성능이 최고 수준이 아니더라도 합리적인 기능과 합리적인 금액) 고객사를 찾는 방법 즉 고객사 개발 (창출) 방법에 대해 알아보겠습니다.

고객사를 창출하는 방법은 크게 내부 자원을 활용하는 방법과 외부 자원을 활용하는 방법이 있습니다.

내부 방법은 내부 인력을 활용한 방법이고, 외부 방법 협력사 및 아웃소싱을 이야기합니다.

내부 방법이든 외부 방법이든 결국 명확한 방향성과 꾸준한 업무 추진이 결과에 직접적인 영향이 있음을 말씀드리면서 방법에 대해 하나씩 확인해 보겠습니다.

• 내부 방법

내부 방법이 B to B 영업의 가장 확실하고 안정적인 방법입니다. 다른 챕터에서 말씀드리겠지만, 고객을 만날 때 가장 어려운 것이 고객을 최초로 찾아가서 인사하는 것입니다. 처음 만나서 인사를 하는 것이 어려운 이유를 생각해 보면, 상대방 관점에서 충분하지 못한 정보가 있는 상태에서 상대방을 만난다는 것은 순간적인 방어 기제가 생성되기 때문입니다. 즉 니즈가 없는 상태에서는 모르는 사람과의 만남 자체가 무언가 위협받는다라고 판단하고 그러한 판단은 곧 거부로 연결되기 때문입니다. 반대로 내가 니즈가 있거나 또는 상대방에 대해서 일정 부분 정보가 있다면, 충분히 만남을 만들 수 있습니다. 이런 어려운 논리 말고 간단한 예시로 확인해 보면 다음과 같습니다.

일상생활에서 우리가 모르는 사람이 전화를 하면 보통의 경우 짜증부터 납니다. 여러 가지 복잡한 이유가 있지만 일단 보통 짜증이 납니다.

(그럼에도 불구하고 이런 콜 리스폰스 영업은 매우 효과적입니다.) 그렇기에 아는 사람을 통해서 영업 시작을 하는 것이 가장 용이합니다. 이러한 대표적인 케이스가 대표자의 지인 또는 영업을 중심으로 하는 상무님, 전무님, 이사님이 계십니다. 대기업이든 중소기업이든 이런 케이스는 상당합니다. 모르는 사람으로부터 전화가 와서 또는 연락이 돼서 없는 니즈를 찾아내는 과정은 사실상 말도 안 되는 행위입니다. 상대방을 불편하게 만들어 영업이 진행된다는 것은 말 자체가 안 되기 때문입니다. 반면 아는 사람으로부터 소개를 받아서 전화를 하게 되면 대응은 달라집니다. 전화를 받는 상대방 입장에서 비록 내가 아무런 니즈와 상대방과의 일치함이 없더라도 중간에 내가 신뢰하는 사람으로부터 연락처가 공유되었음을 확인 가능하기에 충분히 상담에 임하게 됩니다.

이렇듯 내부 영업을 성공하기 위해 영업 조직이나 개발 조직, 생산 조직 모두 영업 담당자를 전폭적으로 지원해야 합니다. 내부 인력을 지원하는 방법은 다른 장에서도 많이 다루었으므로 생략하고, 외부 방법에 대해 알아보겠습니다.

- **학연, 지연, 혈연**

제 경험상 지연, 혈연을 활용한 영업은 크게 추천드리지 않습니다. (사업이 안 좋게 되면 민망하므로) 하지만 다소 부담이 적은 학연은 활용하는 것이 좋습니다. 학연을 활용하기 위해서는 당연하지만, 동문회를 나가야 합니다.

학연을 활용하게 되면, 서로 간에 매우 담백하게 영업이 되는 경우가 많이 있습니다. 바로 목적을 이야기할 수 있고 우리의 이익에 대해서 가감 없이 이야기할 수 있기 때문입니다.

학연 관련해서 제 경험을 말씀드리면, 제 주위의 경우 동문회 활동을 거의 하지 않습니다. 이유는 너무 단순하게도, 동문회의 존재는 회비만 받아 가고 아무런 지원을 해 주지 않는 단체이기 때문입니다. 반대로 생각해 보면, 모르는 사람보다 동문의 경우 훨씬 더 목적 지향적으로 활동이 가능합니다. 그렇기에 동문 수첩을 활용하셔서 전화를 거시거나 또는 동문회를 통해서 소개받는 것이 절대 부끄럽거나 겸연쩍은 일이 아닌 동문끼리 잘 협력하는 행동이므로 학연을 활용하는 것은 바람직한 방법입니다. 그렇기에 더욱 학연을 이용하는 방법은 어렵지만 학연을 통하면 의외의 상황에서 영업이 가능해집니다.

대한민국 사회에서 이러한 소위 말해서 '가족끼리 다 하는' 그런 사업에 대해서는 부정적인 시각이 많이 있습니다. 그리고 학연을 중심으로 하는 비즈니스 역시 부정적입니다. 하지만 해외에서는 어떨까요? 학연의 경우 같은 동문끼리 서로 믿고 의지하며 비즈니스를 하는 경우가 매우 많습니다. 심지어 그것을 자랑스럽게 이야기하고 있습니다. 국내에서도 학연과 비슷하게 특정 학교 출신들이 뭉쳐서 비즈니스를 하는 경우가 많이 있고 또 특정 기관이나 단체의 과정을 수료한 출신들이 뭉쳐서 사업을 하고 정보를 공유하는 경우도 매우 많이 있습니다. 이렇듯 학연, 지연, 혈연을 활용하여 비즈니스를 창출하는 것은 절대 숨어서 할 것이 아닌 매우 적극적으로 해야 하는 것입니다.

· **외부 방법 - 협력사 이용**

협력사 이용 하면 바로 떠오르는 생각은 우리 기업에 도움을 주는 조력자 기업입니다. 하지만 여기서 말하는 협력사는 사전적 의미에 가까운 협력사 즉 고객, 납품처, 경쟁 기업 모두 될 수 있습니다.

고객사의 경우, 이미 우리의 제품을 이용하는 고객입니다. 고객사를 통해서 우리는 고객사의 경쟁사에 납품할 수는 없지만 고객사의 다른 협력사에 제품을 납품할 수는 있습니다. 그렇기에 우리의 제품을 고객사에 소개할 수 있는 다양한 도구 또는 방법이 있어야 하며 당연하게도 고객사와 매우 긴밀한 상태여야 합니다.

납품처 또는 고객사와의 협업 방법, 우리가 만드는 제품이 단일 제품이 아니듯 (현재 하나의 제품이어도 신제품을 만들 것이니) 우리의 납품처도 하나의 제품이 아니라 여러 개의 제품입니다.

납품처 또는 고객사와 협의가 잘되면, 두 회사의 제품을 하나로 뭉친 컬래버 제품이 나올 수도 있으며 또는 납품처를 통해 신규 고객 발굴이 용이합니다. 당연하게도 납품처와 매우 친해야 합니다. 마치 고객을 대하듯 말입니다.

납품처와 다른 협력 방법으로는 납품처를 통해 회사를 소개받을 때 납품처의 제품에 들어가는 파츠들, 실제 사용하는 제품에 대한 원가 절감 차원의 신제품 개발 사업을 하는 것도 나쁘지 않습니다. 이는 납품처와 동등한 수준의 제품 개발이 아닌 납품처의 제품이 우리 제품에 귀속 또는 종속되는 경우를 이야기한 것입니다. 구체적인 예시를 들어 설명드리면, 플렉시블 디스플레이 제조사에 우리 제품인 pcb를 납품하기 위해서는, 우리가 개발한 플렉시블 보드가 메인이 되며 하위로는 플렉시블 동판이 있습니다. 이런 경우 납품처의 인적 자원을 활용하여 우리의 플렉시블 보드가 납품처의 다른 고객사에 납품되기 위해서는 납품처와 매우 가까운 상태에서 협업하여 진행되어야 합니다. 하나 중요한 것은 우리의 목적은 매출 증대와 함께 신규 고객사 개발이지 우리 브랜드와 우리 제품을 최우선으로 납품하는 것이 아닙니다. 이렇듯 B to B와 B to C는 회사의 목적을 달성하는 방법이 많이 다릅니다. 즉 매출을 만드는 전략적 접근 자체가 다름을 말씀드립니다.

- **경쟁 기업**

경쟁 기업과 경쟁 기술을 혼동하시면 안 됩니다. 경쟁 기업은 시장에서 우리 기업과 직접 충돌이 있는 경우로 우리의 시장을 나누어 점유한 기업을 말하고 경쟁 기술은 우리 기술에 대체되는 기술을 이야기합니다.

경쟁 기업과 협업하는 것은 매우 어려우며, 사실상 최고 임원이 아니면 어렵습니다. 하지만 경쟁 기술일 경우 그렇지 않습니다.

우리는 경쟁 기술이 있는 기업과 매우 가깝게 지내야 합니다. 그들의 기술 정보 수집에도 좋고 또 우리의 기술 수준을 자랑하는 용도로도 좋습니다. 그리고 가장 중요한 우리 기술로는 해결이 어려운 또는 경쟁 기술로는 해결이 어려운 기술 개발 등을 서로서로 외부 용역을 보내 해결할 수 있습니다. 우리 경쟁사가 매우 영업을 잘해서 사업이 번창하면 반드시 생산에 대한 바틀랙이 걸려 납기를 맞추기 어려워집니다. 바틀랙은 보통 복잡한 경우로 발생하지만 미래에 대한 불안(지속적인 주문으로 인한 납기 지연 등)으로 생산량을 조절하는 경우도 발생합니다. 우리가 이 상황에서 우리 경쟁 기술 보유 기업과 동등 수준의 제품을 만든다면 해당 기업의 OEM/ODM를 받아 생산이 가능해집니다. 실제로 대부분의 기업들은 다양한 제조처를 항상 찾습니다.

다소 약간 거리가 있는 유사한 케이스를 말씀드리면, 저희 고객사 부장님 중 한 분은 면접을 보러 갔던 회사의 대표로부터 연락이 와서 외주 생산(서비스 개발)을 하는 경우가 있으며 또 저희 고객사도 그 회사에 일을 의뢰하는 경우도 있습니다.

제 경험상 현재 제가 소속된 컨설팅 회사도 그렇고 제가 다른 기업에 일했을 때도 그렇고 현재 저희 고객사도 그렇고, 소개에 의한 영업이 전체 영업에 30% 이상은 차지합니다.

- **아웃소싱**

　마케팅을 잘하는 기업을 이용해서 고객사를 유치하는 방법입니다. 매우 일반적인 방법이며 그렇다 보니 비용도 매우 발생합니다. 그래서 요점은 발생하는 비용의 합리적 사용법에 대해 연구해야 합니다.

　예를 들어 텔레마케팅(전화 응답 방법)을 활용할 때 투입 금액 대비 실제 유효한 고객사의 연락을 계산해야 합니다.
　그리고, 외부 용역의 전화번호 추출 방법에 대해서도 확인하셔야 합니다.
　이러한 결과값들은 기본적으로 마케팅 회사에서 제공을 합니다. 만약 제공하지 않는 기업이라면 걸러 내셔도 되는 것이, 물건을 살 때 가장 기본이 본래의 기능을 얼마나 잘 구현하는가인데, 마케팅 회사의 본래의 기능은 얼마나 많이 고객사에 홍보되느냐입니다. 이런 가장 기본적인 자료가 없다면 조금 문제가 있는 회사라 해도 무방합니다.

　한 달에 1,000만 원을 사용하게 되면 몇 건의 유효 고객이 발생하는지를 알아보는 방법은 '1000/유효 고객 수 = 단위당 비용'입니다. 너무 간단한 초등학교 저학년 수준의 가감승제입니다.

　제 경험상 유효 고객당 1,000~2,000원이 적당한 것 같습니다만 이는 제품마다 고객층마다 다 다르므로 직접적인 경험이 필요합니다.

이렇게 아웃소싱을 할 때 문제는 과연 어떤 마케팅 회사가 우리 제품에 대해 실적이 좋은가입니다. 마케팅 아웃소싱 기업 입장에서 특정 분야 예를 들어 화장품 분야 전문 기업이라면 우리 제품 홍보에 크게 문제가 없지만 마케팅 기업은 굳이 한 분야에 전문적일 필요가 없습니다.

그래서 우리 산업에 전문적인 마케팅 기업은 찾기 어렵습니다. 또 산업 분야 전문 기업이라도 우리 제품은 잘 모릅니다. 당연한 이치입니다, 이는 쉽게 생각해서 주위 광고를 보면 알 수 있습니다. 과연 얼마나 많은 광고가 내 눈에 들어오는지를 알면 마케팅이 얼마나 어려운지 알 수 있습니다. 이런 이유로 아웃소싱 기업을 선택하게 될 때 중요한 것은 우리 말에 얼마나 귀를 기울이고 잘 알아듣는지가 중요합니다. 우리 말을 잘 알아들어야 초기 마케팅을 진행하고 문제점을 분석한 뒤 바로 개선된 작업이 가능하기에 그렇습니다.

간단하게 내부 외부 혼합형을 말씀드리겠습니다. 사실 혼합형이라기보다는 외부로부터 정보를 수집해서 이를 내부 시스템으로 만드는 것입니다.

마케팅을 외주 맡겨서 전문가의 도움을 받아 일정 부분 시장 특성과 고객사 발굴 과정을 경험하셨다면, 굳이 힘들게 외부를 이용하기보다 마케팅 전문가를 직원으로 고용하여 내부 자원으로 만드는 것이 가장 바람직한 형태입니다.

마지막으로 이러한 지원 없이 순수하게 처음부터 고객사를 발굴하는 방법에 대해 말씀드리면, 이러한 방법에는 왕도가 없습니다. 꾸준히 기술 개발을 하고 각종 미디어에 노출시키고 자사 홈페이지를 웹 검색 시 상위 노출시키는 등의 일반적인 노력이 해당됩니다.

- **고객 개발 방법에 대한 제언 및 전략**

　고객사를 발굴 및 영업하는 방법에 대해서 개념적으로 설명하였습니다. 우리가 여기서 한 가지 간과하고 있는 것이 있습니다. 외부로부터 또는 내부로부터 고객사를 확보할 수는 있습니다. 하지만 고객사를 확보해서 고객사가 우리 제품이나 서비스를 이용하게 만들기 위해서는 객관적으로 우리 제품이나 서비스가 경쟁 기술이나 서비스보다 일정 부분 또는 특정 부분 우수해야 가능한 일입니다. 이러한 품질의 우수성을 기준으로 우리의 제품이나 서비스의 특장점을 잘 설명할 수 있는 홍보 수단을 활용하면 분명 우리는 시장에서 성공할 수 있습니다.

고객 특정하기

　우리가 물건을 만들어 판매하는 과정에서 그 시작은 고객 특정이라 할 수 있습니다. 특히 기업 대 기업 간의 비즈니스에서는 고객사가 특정되는 사업이 대부분입니다. 다시 말하면 B to C 비즈니스에서처럼 불특정 다수로부터 주문이 들어오는 것이 아닌 특정된 고객이 주문하고 제작 의뢰 제품을 만들면 됩니다. 반면 반대의 경우 고객사가 특정되지 않은 것일 것입니다. 고객사가 특정되지 않은 상태에서 제품이나 서비스를 개발하면 어떻게 될까요? 우리는 고객사가 특정되지 않았기에 판매가 불확실하고 불확실을 확실로 만들기 위해 더욱 많은 노력을 해야 합니다. 하지만 우리가 비즈니스를 하다 보면, 고객사가 특정되지 않아도 제품을 개발해야 하는 경우가 종종 발생합니다. 그렇기에 일부라도 고객사를 특정해서 제품 개발에 들어가는 것이 좋습니다. 그럼 고객사를 특정하기 위한 방법에 대해서, 특정된 고객을 위해 그리고 특정되지 않은 고객을 위해 두 가지 사항에 대해 우리가 고객사에 다가가기 위해 먼저 고객사를 특정하는 전략적 방향성에 대해 알아보겠습니다.

· **고객사 특정된 경우**

고객사가 특정된 이후 고객사를 특정한다는 말은 성립조차 안 됩니다. 글 자체의 앞뒤가 맞지 않는 것입니다. 본 글에서 강조드리면서 작성하는 것은 고객군이 특정된 경우에 기존 고객사 중 우리의 매출과 직결되는 고객사를 특정한다는 의미로 종래 알고 있던 고객을 대상으로 영업적 효과를 극대화하기 위한 방법적 접근입니다.

예를 들어 설명드리면, 기존에 거래 관계가 있는 고객사에 우리 제품을 추가로 납품한 경우는 몇 번이나 있을까요? 물론 신뢰 관계가 형성되면 추가 납품을 할 기회가 계속해서 주어질 것입니다. 그럼 추가 납품을 위해서는 무엇을 해야 할까요? 크게 고민할 것이 없습니다. 납품 단가를 인하하는 방법이 있습니다. 납품 단가를 인하하는 방법은 여러 가지가 있지만 다른 장에서 다루기로 하고, 납품 단가를 인하하지 못하면 사실 지속적인 납품을 하기 어려워집니다. 지속적인 납품이라는 단어에서 주의해야 할 것은 한 번에 발주를 많이 하고 이를 시간의 흐름에 따라 납품하고 납품할 때마다 비용을 받는 '기성 청구' 방식은 지속적인 납품이라 하기 어렵습니다. 또 구두상 대량 발주를 하고 발주서를 나누어 보내는 경우에도 일종의 '기성 청구' 방법의 다른 방법이므로 추가 납품이라 하기 어렵습니다. 우리는 이러한 방식의 납품 방법을 '프로젝트성' 계약이라 합니다.

다시 말씀드려 봅니다. 프로젝트성 납품 말고 추가로 납품한 경험은 몇 번이나 있으신가요? 기업마다 다르겠지만 추가 납품하기란 여간 어려운 것이 아닙니다. 이렇듯, 우리는 기존에 확보한 고객의 모든 행동을 관찰하고 기록하고 분석해야 합니다. 그리고 그들이 필요로 하는 것을 미리 준비해서 또는 그들의 다른 사업 분야를 관찰해서 우리의 제품이 적용될 만한 부분을 사전에 확인하여 미리 접근한다면 같은 제품이더라도 다양한 환경에서 사용이 되므로 추가 납품 실적이라 할 수 있습니다. 이렇듯 특정된 고객은 상대적으로 영업하기 용이한 부분입니다.

그리고 우리의 제품이 한번 납품된 고객은 향후 추가 구매가 가능하므로 고객이 특정되었어도 지속적인 관리가 필요합니다.

- **고객사 특정 전**

고객사가 특정되지 않은 경우입니다.

고객사가 특정되지 않았으므로 고객사를 찾아야 합니다. 어디서부터 찾아야 할지 막막하기만 합니다. 하지만 해야 합니다.

고객사가 특정되지 않은 경우, 가장 먼저 해야 할 것은 우리 제품의 용도 또는 용처를 특정하는 것입니다.

예를 들어, 디스플레이 후가공 업체(디스플레이 원판을 매입하여 고객사가 원하는 사양으로 후가공하여 고객사에 납품하는 비즈니스)일 경우 고객사를 특정하는 방법은 무엇이 있을지 생각해 보겠습니다. 제가 소비자가 되어 설명해 보겠습니다.

먼저, 제가 작업하고 있는 환경을 고려하면 제일 먼저 보이는 노트북 모니터가 있습니다. 그리고 스마트폰 모니터가 있고 뒤에는 TV 모니터가 있습니다. 자세히 제 환경을 둘러보니 태블릿 PC도 보이고 제 고객사에서 가져온 산업용 터치스크린도 있습니다.

일단 산업용 터치스크린은 다른 제품과 비교해서 용도가 확실하게 다르기 때문에 제외하고 눈에 보이는 노트북, 스마트폰, 태블릿 PC를 대상으로 생각해 보면, 기능은 같은데 사이즈가 다릅니다. 사이즈만 다를까요? 사이즈가 다르다 보니 소비 전력이 다르고 소비 전력이 다르니 입력되는 전기 사양이 다릅니다. 또 삼성, LG, BOE(중국 기업) 디스플레이마다 색감도 다릅니다. 그럼 디스플레이 후가공 업체일 경우 이러한 다양한 소비자의 실제 환경에서 어떻게 대처해야 할까요?

각 적용 분야별 그리고 다양한 제품별 내부적인 작동 테스트를 하고 테스트 결과물을 기준으로 기존의 완성품 입장에서 제품 적용성, 조립 적용성 검토, 조립 후 실제 사용을 통해 최종 소비자 입장에서 고민해 봐야 하겠습니다. 우리는 우리가 제작하는 공정상 우리 제품을 중심으로 다양한 제품들을 테스트하게 됩니다. 이렇게 테스트를 하다 보면, 현재 기술 수준에서 우리가 가장 잘하는 부분이 나오게 됩니다. 그 데이터를 기준으로 우리가 가장 잘하는 가공 제품에 대한 데이터가 쌓이게 됩니다. 비록 이러한 데이터가 엑셀을 통한 수기 기록이어도 좋습니다. 이렇게 우리가 제일 잘하는 것을 특정하는 것입니다. 우리 제품에 대해서 공정별 분석을 하지 않으면 그냥 '디스플레이 잘 만드는 회사'가 되므로 우리의 특장점을 경쟁사와 비교하기 어렵게 됩니다. 자 그럼 이제 어느 정도 우리가 잘하는 제품에 대해 특정되었으므로 계속해서 연구를 진행하면서 동시에 해당 제품을 적용하는 기업 고객사를 찾으면 됩니다. 이런 방법이 바로 고객사군을 특정하는 방법입니다. 즉 우리가 잘하는 것을 먼저 정의하고 우리가 잘하는 것을 필요로 하는 기업을 찾아내는 것, 이것이 고객사(고객사 집단)를 특정하는 방법입니다.

고객사군이 특정되면, 이제 고객사에 연락해야 하는 시점입니다. 연락하는 방법은 각자의 방법으로 연락하시면 되지만, 우리는 그 전에 준비해야 하는 것들이 있습니다. 카탈로그와 회사 소개서 등이 해당되겠습니다.

• 고객사 특정이 중요한 이유

여러 영업하시는 분을 만나 뵙거나 고객사 대표님들과 이야기를 하다 보면 간혹가다 만나게 되는 당황스러운 경우가 있습니다. "우린 다 해요, 안 되는 건 없어요"라고 답변해 주시는 경우가 매우 빈번하게 있습니다. 이건 말도 안 되는 이야기입니다. 어떠한 기업이든 기업의 특성에 맞는 최적화된 전문 분야가 다 존재합니다. 그 부분에서 잘해야 하는 것이지 본인들의 사업 부분이 아닌 경우도 잘한다고 하면 나중에 고객사와의 협상에서 신뢰감이 무너지는 일이 발생하고 그렇게 되면 일하기 어렵습니다. 이제 좀 두리뭉실한데 예시를 들어 설명 드리겠습니다.

예시)

프로그램 개발 전문 기업인 ㈜카카일 기업은 최근 빅데이터 관련한 사업 문의가 많아 사업을 확장하면서 빅데이터 관련 업무를 추가하기 시작했습니다. 내부적인 선행 연구 결과로 일부 정형 데이터 처리와 비정형 데이터 처리에 대한 방향성과 확실한 결과물을 만들어서 영업을 시작했습니다. 기존 고객사를 중심으로 새로운 시스템인 빅데이터 처리가 가능해지면서 다음과 같은 문의가 들어왔습니다.

"고객 데이터 확보가 되어 있어 이를 분석하는 것은 어렵지 않을 거라 판단이 되는데 해당 프로그램을 이용할 고객들 입장에서 유연한 UX를 제공했으면 합니다."

프로그램을 개발하면서 사용자에게 보이는 화면을 설계하는 작업을 '사용자 시나리오 작성'이라고 통칭하고 주로 디자인 기업에 외주를 주는 경우가 많습니다. 그리고 그 디자인 외주 기업들은 UX 전문 기업이라 말하고 있습니다.

카카일은 늘 하던 업무의 일환으로 가능하다며 고객사에 통지했고 고객사는 "단순 UI/UX가 아니라 고객 중심입니다"라고 말을 덧붙였지만 카키일은 "네~ 저희가 잘하는 일입니다"라고 말하고 미팅을 진행하게 되었습니다.

고객사와의 미팅에서 고객 중심 UX의 아이콘을 잘 만들어서 사용자들이 찾기 쉽게 '화면 설계를 잘하면 되는 것'이라고 생각하고 최신 트렌드가 반영된 UX 디자인을 보충하여 정말 열심히 설명하고 고객사를 설득했지만, 결국 수주를 하지 못했습니다.
수주를 하지 못한 이유는 UX 디자인 즉 사용자 경험 디자인에 대해 사전적 의미도 알지 못한 채 인터넷에서 돌아다니는 정보와 디자인 기업과의 협업이면 될 줄 알았던 오판이었습니다.

사실 사용자 경험 디자인은 말 그대로 사용자가 되어서 그들의 행동과 습관을 관찰하는 것에서 출발하는 것인데 보통의 사람들은 잘 모릅니다. 디자인 전문가도 모릅니다.

위 예시는 제가 옆에서 지켜본 기업을 ㈜카카일이라는 가상 기업으로 만들어서 작성한 예시입니다. 프로그래밍 업체에서 쉽게 경험하는 오류를 예시를 들었습니다.

위 케이스의 경우 '우리가 잘하는 분야를 특정해서 고객사에 접근했다면' 과연 결과는 어떻게 바뀔지 아무도 모릅니다. 이렇듯 고객사의 특정은 영업할 때 매우 중요한 역할을 하게 됩니다.

정리하면 다음과 같습니다.

고객사를 특정하면, 구체적인 목표가 수립이 되기 때문에 개발이나 영업 등 방향성 제시가 가능해집니다. 프로젝트성 기업의 경우 기존 고객이 있기에 그들과 커뮤니케이션을 하면서 그들의 니즈를 파악하게 되면, 그들의 니즈에 맞게 미리 개발 또는 영업 준비가 가능해집니다. 반면 순수하게 개발하는 기업이라 하더라도 가상의 고객을 특정하면, 영업이나 개발하는 과정에서 하나의 이정표 역할을 하게 됩니다. 곧 우리 비즈니스의 목표 우리 마케팅 목표는 구체적인 고객이 있을 경우 목표가 확실해지니, 우리는 반드시 고객사를 특정하는 것이 바람직합니다.

고객사의 수익성

우리 회사를 소개하는 서류에서 매우 빈번하게 보이는 것이 어쩌면 모두가 강조하는 "우리 회사는 이러이러한 걸 합니다"입니다. 즉 우리가 무엇을 하는 기업인지 알려야 하는 거죠. 우리는 이런 것을 회사 소개서라고 합니다. 회사 소개서로 우리가 무엇을 하는지 알려 줘야 잠재 고객사가 우리 제품에 대해 어떠한지 판단을 합니다.

그래서 우리 제품이나 서비스에 대해 설명을 합니다. 여기에서 좀 더 Fancy한 것이 우리 제품의 특장점을 설명하는 것입니다. 여기까지 하면 사실 완성형에 가까운 회사 소개서입니다. 하지만 여기서 잠깐 고민해 봐야 하는 것은, 지금도 고민이지만, '고객사는 우리 회사 소개서를 제대로 읽고 있을까?'입니다. 우리의 잠재 고객들은 우리 회사 소개서를 진짜 잘 읽고 집중할까요? 이러한 고민은 대부분의 회사 소개서를 작성하는 분들의 공통적인 생각일 것이라 판단합니다.

'과연 읽을까?' 이러한 고민은 회사를 소개하는 입장에서 즉 '을'의 고민이었고 이제 반대 입장에서 고민해 보겠습니다. 즉 회사 소개서를 읽는 '갑'의 입장에서 고민해 보겠습니다.

우리가 일을 하면서 종종 협력사들이 찾아옵니다. 그리고 협력사들과 미팅 역시 자주 합니다. 그 많은 미팅 중 우리는 몇 번이나 상대방이 소개하는 제품이나 서비스에 집중하시나요? 그러니까 상대방 회사가 무엇을 하는지 얼마나 집중해서 들었을까요? 다시 우리 입장에서 생각해 보겠습니다. 우리가 작성한 소개서를 고객사들은 과연 집중해서 읽고 있을까요?

사실 고객사를 집중시키는 방법은 다양하게 있습니다. 그러한 방법의 기본이자 전부는 바로 고객이 원하는 것을 말해 줘야 고객이 집중한다는 것입니다. 너무 당연한 이야기이지만 이것을 못 하는 기업들이 매우 많습니다.

"우리 제품이나 서비스가 어떠한 것이다" 라고 설명하는 것은 가장 기본입니다. 그리고 경쟁 기술 또는 경쟁 기업과 비교하여 경쟁사 대비 우수한 것을 설명하는 것도 당연한 것입니다. 이렇게 당연한 것은 고객사가 우리 기업과 굳이 대면 미팅을 하지 않아도, 다양한 경로로 정보 확인이 가능합니다. 그리고 우리가 아닌 다른 기업도 우리와 똑같이 이야기하고 있습니다. 즉 우리 경쟁사 역시 자신들의 제품이 우리 제품보다 우수하다고 강조하고 있습니다. 다시 우리가 '갑'의 입장에서 협력사와의 미팅을 생각하면, 협력사가 하는 이야기를 대충 들으면서 다른 생각을 하면서 집중을 못 하고 심지어 미팅 시 몰래 자리를 벗어나는 일도 서슴없이 했습니다. 왜냐하면 나는 정보를 다 알고 있고 굳이 시간을 쪼개 가며 들을 필요가 없으니 말이죠.

이러한 고객과의 업무 미팅은 우리 입장에서 바람직하지 않습니다. 왜냐하면, 고객사가 무엇을 원하는지 미리 알면 그 부분을 설명하면 좋은데 그러지 못한 게 문제이기 때문입니다. 그래서 고객사에 우리 회사를 소개할 때 집중시키는 가장 효과적인 방법 중 하나가 고객사의 수익성에 대해 검토하는 것입니다. 누구나 숫자에 민감하고, 특히 비용과 직결되는 것은 충분히 고민하기 때문입니다. 즉 사전 정보가 없더라도 고객의 요구 사항을 알 수 있는 유일한 것이 바로 '비용=고객사의 수익'입니다.

우리가 왜 고객사의 수익성에 대해 고민을 해야 하냐면, 우리의 제품은 경쟁사보다 저렴하거나 성능이 뛰어나니 기존 제품 또는 신제품을 만들 때 우리 제품을 쓰면 원가 절감이 되거나 더 많이 팔리게 된다는 논리입니다.

이러한 논리를 만드는 과정에서 매우 중요한 것 하나는 고객사의 수익성입니다. 하지만 우리는 고객사의 수익성에 대해 제대로 파악하지 못해도 됩니다. 매우 당연한 것이 우리 회사도 아닌데 어떻게 고객사의 수익성을 알고 그것을 평가하고 판단할 수 있을까요? 당연히 못 합니다.

그래서 우리가 만든 고객사의 수익 구조는 맞지 않습니다. 하지만 이것을 제가 왜 강조하냐면, 이렇게 숫자로 '너희들이 우리 제품 쓰면 돈 벌 수 있어. 개당 얼마 정도는 벌걸?' 하고 숫자로 보여 줌으로써 서로 토론할 수 있는 '최소한의 가격 이야기'가 시작됩니다. 아래 예시는 캠퍼스 스프링 노트 원가를 분석한 것입니다.

재료 1	450
재료 2	320
재료 3	120
재료 4	670
재료 5	820
인건비	300
기타 비용	200
판매 가격	3000
영업 이익	120

좀 어떤가요? 3,000원짜리 노트를 하나 팔면 기업이 보통 120원을 가져갑니다. 그리고 기타 비용 200원은 유통업체의 영업 마진입니다. 제조하는 우리보다 유통하는 곳에서 더 마진을 가지고 갑니다. 보통 그렇습니다. 제가 하나 여쭤보면, 원가 내역이 좀 어떤가요? 이 사업 할 만한가요? 아마 노트를 제조하시는 기업이라면 바로 눈치채셨을 것이고 그러지 못하시더라도 대략 눈치채셨을 것이라 생각합

니다. 무엇이냐면 일단, 노트 하나 만드는 데 재료가 5개나 필요하지는 않습니다. 그러니까 위 자료는 제가 즉흥적으로 만든 가상의 자료입니다. 하지만 "충분히 원가에 대해서 고민하셨지요?"라고 물으시면 "네~ 그렇습니다"라고 답변을 드립니다. 이렇게 사람들은 눈에 보이는 지표들을 집중하게 되며 특히 비용에 집중해서 보게 됩니다. 그리고 이러한 자료를 보여 줌으로써 이러한 자료가 맞는지 안 맞는지 이야기하게 됩니다. 물론 터무니없이 안 맞는다면 문제가 되지만 20%~30% 안 맞는 수준이라면 자연스럽게 값이 보정되며 미팅하는 그 자리에서 고객사의 수익에 대해 이야기하게 됩니다. 그러니까 고객사의 수익 구조에 대해서 최소한의 가격 이야기가 되는 것입니다. 이러한 자리(미팅)에서 중요한 것은 우리 수익이 절대 아닙니다. 우리의 수익이나 마진은 우리 내부에서 확인하는 문제이고 미팅을 하는 자리는 고객사의 수익에 대해서 이야기를 해야 합니다. 저는 이러한 미팅 진행 방법이 당연한 것이라고 생각합니다. 하지만 우리가 미팅을 하면 계속해서 고객사의 수익이 아닌 우리의 수익을 강조하며, 회사 이익이 나오는지 안 나오는지 이야기를 하며 아쉬운 소리를 잔뜩 합니다. 그럼 예시를 들었으니 위 숫자를 기준으로 말씀드려 봅니다.

재료 1	450
재료 2	320
재료 3	120
재료 4	670
재료 5	820
인건비	300
기타 비용	200
판매 가격	3000
영업 이익	120

재료 1	450
재료 2	320
재료 3	120
재료 4	670
재료 5	**620**
인건비	300
기타 비용	200
판매 가격	3000
영업 이익	320

"귀사가 현재 판매하시는 제품을 저희 내부적으로 가격을 분석해 보니, 현재 사용하시던 제품에서 재료 5번만 저희 자재로 전환이 되면 영업 이익이 200 증가되어서 62%의 추가 수익 발생이 가능합니다. 물론 저희 내부 자료라 정확하지는 않지만 검토하시는 데 도움은 되실 것입니다."

미팅 테이블에서 우리가 해야 할 말을 고객사의 수익률을 고려해 가면서 이야기하는 것을 제가 임의로 연출해 보았습니다.

비슷한 것으로 저는 고객사에 이런 식으로 이야기를 종종 합니다. "컨설팅을 통해서 당면한 기술 개발이 좀 더 구체적으로 진행될 것입니다. 그리고 개발 시 발생하는 비용 중 30% 이상은 정부 지원이 가능하니 재무적으로 실무자 입장에서 크게 어렵지 않을 것입니다." 물론 저는 다년간 노하우로 인해서 이런 이야기를 하는 것이고, 이렇게 이야기해도 크게 문제없다고 자신하기에 이런 식으로 설명드립니다.

고객사 입장에서 우리의 수익까지 세심하게 고려한 납품처 보신 적 있으신가요? 사실 별로 없습니다. 우리 수익이 중요하지 남의 수익이 중요하지 않기 때문이죠. 대부분의 영업하는 분들, 마케팅 전략을 세우시는 분들은 고객사의 마진을 전혀 고려하지 않습니다. 왜냐하면 그것은 우리가 고민해야 하는 게 아니기 때문이죠.

부품을 납품하는 기업이 아닌 생산을 위한 장비 납품업체들은 실제 판매되는 고객사의 최종 제품까지 고려해야 합니다. 이러한 고려에는 판매 제품의 가격도 들어가고 우리가 납품하는 장비의 감가상각까지 고려합니다. 장비를 운영하는 데 발생하는 운영 비용 계산은 당연한 것이니 설명을 줄이겠습니다.

협상에서 승리하기 위한 조건

우리는 회사에서 일을 하면서 매번 매시간 협상을 하게 됩니다. 그리고 협상 결과에 대해서 때로는 아쉬워하고 때로는 성공에 박수를 칩니다. 하지만 매번 박수만 칠 수는 없기에 항상 고민하고 연구하고 있습니다. 그럼 우리가 실제로 해야 하는 일들은 아니, 해야만 하는 일들은 매번 박수를 칠 수 없으니 박수를 칠 수 있는 숫자를 늘리는 것입니다.

· **협상에서 가장 중요한 원칙 첫 번째**
 절대 상대방을 자극하거나 자극하기 위한 행동을 하면 안 됩니다. 너무 당연한 이야기이지만, 국내 및 일본 협상에 관한 책들을 보면, 상대방을 자극해서 이기는 방법에 대해 열거합니다.

상대방의 몸짓, 태도, 표정의 특징을 간파해서 지금 거짓말을 하는지 안 하는지 알아내고 이러한 데이터를 통해 상대방이 꼼짝 못 할 조건을 제시하는 방법. 이런 방법을 설파하는 사람을 만나면 회피하십시오. 자신의 논리로 상대방을 꼼짝 못 하게 하여 승리하는 것은, 토론에서는 가능하겠지만 영업에서는 크게 필요 없습니다. 설득과 논리는 비슷하면서도 다르기 때문입니다. 고객사를 잘 설득해야지 그들을 나의 멋진 논리로 이기게 되면, 기분은 좋을지 몰라도 마케팅과는 크게 상관이 없습니다. 이런 상대방을 자극하는, 그런 기법을 설파당하는 나에게도 사용할 수 있습니다. 그런 부류의 사람들을 가까이하기에는 조금 두렵기만 합니다.

• 협상에서 가장 중요한 원칙 두 번째

협상을 통해서 이기는 것이 아닌 내가 원하는 것을 얻는 것입니다.

세계 최고 수준의 협상가이자 하버드, 컬럼비아, 옥스퍼드, 와튼 스쿨 등 MBA로 유명한 대학 대부분에서 협상 강의를 한 스튜어트 다이아몬드 교수의 저서 《어떻게 원하는 것을 얻는가》의 주된 내용은 단순합니다. 협상을 통해서 내가 얻고자 하는 것을 얻는 방법입니다. 일방적으로 상대방으로부터 무언가를 받아 오는 게 아니고 서로서로 중간 지점을 찾아 서로 기분 좋은 상태에서 내가 원하는 것을 얻는 방법입니다. 이러한 과정에서 내 것의 일부를 상대방과 교환하는 방법도 있습니다. 매우 목적 지향적 사고라고 할 수 있습니다. 가장 간단한 예시를 생각해 보면 고객사와 금액 협상을 하면서 우리가 지켜야 할 한계 금액이 있을 것입니다. 우리는 종종 이 한계 금액을 지키는 것은 기본이고 이보다 더 좋은 금액을 받아 오는 것을 협상에서 이겼다고 생각합니다. 만약 그 금액이 고객사와 협상을 통해서 우리의 목표보다 더 좋은 조건으로 금액 협의가 돼서 납품하게 되면, 이건 성공한 걸까요? 우리의 비용이 높은 것을 고객사가 알아차려서 추가 발주가 진행되지 않는다면 우리는 단기적으로는 수익이 늘지만 이후에 발주가 진행되지 않으면 우리의 잠재적인 재무적 손실은 누가 보상을 해 줄까요? 또 다른 '호구' 고객사를 찾아야 하나요? 물론 다른 고객사를 찾는 방법도 나쁘지 않습니다. 하지만 그러기 위한 신규 고객 발굴 비용을 계산해 본 적이 있을까요? 보통 우리는 이러한 기업을 '사업가가 아닌 장사꾼' 마인드라고 합니다. 물론 이런 말 자체가 바람직한 표현은 아닙니다. 하지만 문구의 맥락상 당면한 이익만 좇는 행위는 좋은 평판을 얻지 못한다는 의미로 해석해 주시면 좋겠습니다.

협상에 관한 수많은 책들이 많이 있으니 협상 방법과 전략에 대한 이야기는 뒤로하고, 가장 보수적인 관점에서 우리가 얻고자 하는 것을 얻기 위한 방법들에 대해 말씀드려 보겠습니다.

한 줄로 말씀드리면 '일단 잘 듣자'입니다.
상대방의 이야기를 듣는 것이 가장 중요합니다.
대화를 할 때 우리는 '을'이라고 생각을 하게 되면 말을 아끼게 되고 상대방의 이야기를 잘 듣습니다. 그러다 우리에 기회가 주어지면 우리의 입장에 대해 충분히 설명을 하기 위하여 이야기를 합니다. 당연한 대화하기의 순서입니다. 상대방이 말하고 그다음 내가 말하는 순서, 이러한 과정에서 상대방이 이야기를 하다가 내가 아는 부분 또는 내가 강조하고 싶은 부분이 나오면 우리는 이야기를 이어 갑니다. 당연합니다. 이런 당연함을 잊어버리기 때문에 우리는 협상에 종종 실패합니다. 이러한 당연함이라 하면 '상대방의 이야기를 충분히 듣고 내 의견을 전달한다'라는 지극히 당연한 대화의 방식입니다. 제가 말씀드리고 싶은 '일단 잘 듣자'라는 의미 즉, '이야기를 듣는다'는 의미는 단순하게 상대방이 '말을 많이 하게 하는' 것이 아닌 상대방과 충분히 커뮤니케이션이 되는 것입니다. 그러기 위해서 우리는 상대방이 원하는 '말'을 해야 합니다. 하지만 우리는 상대방이 원하는 '말', 즉 원하는 대답이 뭔지를 모릅니다. 그러기에 상대방으로부터 정보를 계속해서 추가적으로 수집하고 상대방이 원하는 대답을 해주면 됩니다. 그럼 상대방과 대화를 하면서 정보를 수집하는 방법은 무엇이 있을까요? 너무 쉽습니다. 하지만 실전에서 활용하기 위해서는 역시 습관이 필요한데 습관이 적을 경우 어려운 것이 바로 '메모'입니다.

상대방의 이야기를 듣는 중간중간 키워드 중심으로 메모를 합니다. 메모를 하면서 내가 부족한 정보가 있으면 그런 것들을 정리하면서 메모합니다. 그리고, 상대방의 의견을 확인해 가면서 자신의 생각을 정리하는 것 동시에 질문하는 방법 중 하나는 정리를 하면서 질문하는 것입니다. 예를 들면 "네 부장님 말씀 잘 들었습니다. ○○ 부분과 ○○을 말하는 것은 이런저런 부분을 말씀하시는 것 같은데 제가 잘 이해한 것인지 모르겠습니다"라고 되묻는 것은 진짜 내가 몰라서 물어보는 것일 수도 있지만, 알면서 일부러 물어볼 수도 있습니다. 즉 상대방의 의견을 내가 대신 정리해 주면서 동시에 '너의 말을 잘 듣고 있다'라는 의미로, 이러한 과정에서 상대방은 앞서서 이야기한 것을 즉 '자신의 주장'을 좀 더 자세하게 설명해 줍니다. 우리는 이러한 과정에서 우리는 추가적인 정보를 수집할 수 있고 이러한 정보의 구축은 대화를 잘하게 되는 즉 협상에서 승리하게 되는 과정이라 할 수 있습니다.

· **협상에서 조심해야 하는 말들**
 – 무조건 돼요, 무조건 안 돼요, 조건부 돼요.

매우 흔하게 수시로 고객사와 미팅에서 우리는 협상을 합니다. B to C와 다르게 B to B에서는 이러한 협상의 상대방이 많다는 특징이 있습니다. 먼저 개인 간 거래의 협상이라면, 우리가 마트에서 구입하는 물품은 거의 가격이 정해져 있습니다. 우리는 이 물품을 구입할 때, 왠지 싸게 구입하고 싶어 협상을 벌이는데 이러한 협상의 일환으로 포인트를 적립 받습니다. 조금 번외긴 하지만, 물품 구입 후 강력한 항의를 고객 센터에 이야기하면 조금 더 챙겨 주기는 합니다. 물론 고객 등급에 따라 조금씩 조건이 다르긴 합니다. 그리고 또 시장에서 물건을 구입할 때 소위 '현금가'가 되면 좀 더 챙겨 주거나 할인을 해 주는 이른바 '덤'이라는 것도 있습니다. 이러한 거래의 특징은 '협상= 최종 결론'입니다. 하지만 B to B에서는 계속해서 협상입니다.

　기업 대 기업 간 거래를 보면, 우리 회사에 최초 컨택된 사람과 일정 부분 성능 협상, 가격 협상을 합니다. 이후 실제 사용자와는 주로 성능에 대해 협상하고 일부 가격 부분에 대해 이야기를 합니다. 이럴 때 보통 '우리가 연간 물량이 이렇고 저렇고 조금만 싸게~'라고 합니다. 이후 구매부로 올라가면 구매부는 어디서 구한 것인지는 모르지만 다른 기업 금액을 언급하는 등 가격 중심의 협상이 들어옵니다. 간혹 이 단계에서 탈락되는 경우가 있습니다. 이러한 타이밍에 대표 이사가 또 협상을 벌입니다. 심지어 세금 계산서 발행 이후 가격 인하를 요구하는 경우도 있습니다.

　이렇게 B to B 현장에서는 매우 깊고 많은 협상이 진행됩니다. 그럼 이러한 협상에서 우리가 유리하기 위해서는 어떤 방향성이 좋을까 생각해 봅니다.

- 무조건 되는 조건
　제가 가장 선호하는 말입니다. '무조건 된다.' 물론 '무조건 다 된다고 다 되는 게 아닌 사실상 조건부 된다'는 뜻의 의미로 무조건 된다는 표현을 사용하였습니다.

"안 되는 건 없습니다. 다 좋습니다, 그러니까 제시하신 성능 부분은 충분히 수용 가능합니다. 다만 이걸 구현하기 위해서는~" 제가 자주 사용하는 방법입니다.

다시 말씀드리면 '무조건 된다'가 아닌 일단 YES입니다.
긍정에서 시작하는 협상과 부정에서 시작되는 협상은 매우 큰 차이가 있습니다.

다시 '무조건 된다는 조건'이 필요로 하는 시점은 따로 있습니다. 바로 우리 실적이 적은 경우 해당됩니다. B to B 특징 중 하나가 '실적이 있는가? 대기업 실적인가?', 즉 경험에 대해 확인하는 과정이 매우 중요한 판단 기준 중에 하나입니다. 그렇기에 우리 기업이 충분한 기업 실적이 없다면 먼저 실적 확보를 해야 하니 가급적 '무조건 된다' 공략이 좋습니다.

하지만 우리가 이미 실적이 있는 경우, 특히 가격 협상에서는 약간의 조건이 필요합니다. 대표적인 조건이 물량에 따른 조건입니다. 예를 들어 '1,000개까지는 500원에 공급'이 가능한 조건일 경우 생각해 보면, 1,000개는 500원인데 1,010개는 얼마에 납품해야 하는지에 대한 고민입니다. 이런 경우 '과연 얼마의 물량을 얼마까지 해야 하는지'에 대한 계산이 필요한 시점입니다.

> 1개당 마진 10원 / 1,000개 발주 시 10,000원 마진 발생.
> 마진폭 10,000원=특별 프로모션 최대 비용
> 고객사 설득을 위한 제안 예시 방법: 1,000개 발주 시 500원 공급에 총 500,000원입니다.
> 하지만 귀사와의 지속적인 관계를 위해
> 9,000원 할인된 491,000에 한시적 공급을 하겠습니다.

예시를 통해 조금 이해되셨으면 합니다. 만약 고객사가 1,000개 이후 발주를 계속 주고 그 물량이 1,000개씩 유지되면 매 발주 시 1,000원의 마진이 발생하게 되며 같은 물량으로 10회 발주 시, 즉 1,000개가 아닌 10,000개 발주 시, 본래 목표로 하는 마진 10,000원이 되게 됩니다. 물론 미래 물량이 되려면 계속해서 네트워킹이 되어야 하지만 이 부분은 영업적인 내용이고 이러한 영업을 하기 위해서는 위와 같은 숫자로 된 전략이 필요합니다. 이때 중요한 것은 절대 우리 수익이 좋은 것이 유리한 상황은 아니고 서로 간에 만족할 만한 가격이 유리한 상황입니다. 그러기 위해서는 당연히 고객사의 이야기를 먼저 많이 들어야 합니다.

– 무조건 안 돼요 조건

기능적으로 매우 강력한 성능을 보여 줄 때 해당되는 것이 좋은 예시입니다. 압도적인 성능이라면 사실 마케팅 전략이 필요 없습니다. 하지만 그럼에도 불구하고 전략은 필요합니다.

먼저 선행되어야 하는 것은, 협상 대상의 기업 이외 다양한 실적을 가지고 있어야 하고 협상 대상 제품이 아니어도 충분히 해당 고객사와 협상이 가능한 경우 해당됩니다. 또는 다른 고객사와 매우 유기적인 관계로 쉽게 '너희 아니어도 납품처가 많다'일 때 해당됩니다.

약간의 심리를 이용하는 방법입니다. 우리는 물건을 구입할 때 안 되는 조건임에도 불구하고 무언가를 얻어 낸다면, 약간의 죄책감과 함께 통쾌함을 동시에 얻습니다. 이런 부분을 자극하는 방법입니다. 가장 쉬운 예시가 마트에서 종종 발생하는 것으로 판매 직원분이 주위 눈치를 보면서 "이거, 원래 안 되는 건데 지금 사람들 없으니 몰래 주는 거예요" 하면서 덤을 줍니다. 사실, 판매 직원이 무슨 권한이 있다고 판매 제품을 추가로 주나요? 다 작전입니다. 우리는 이러한 작전을 알면서도 속아 주는 그런 것입니다.

쉬운 예시를 들어서 설명드렸습니다만, 고민해야 할 부분은 이제부터 시작입니다. 우리 고객사는 우리의 표준 조건에서 변경된 것을 원하는 경우가 많이 있습니다. 이러한 변경된 것을 충족시키기 위해서는 가장 우선시되는 것이 우리 내부적 통합적인 사고 능력입니다. 안타깝게도 이러한 통합적인 사고 능력은 보통 타고나거나 또는 경험에 의해서 학습됩니다. 이러한 학습 덕분에 우리 이사님 상무님이 영업을 잘하시는 것이기도 합니다. 이 방법은 학습 이외에는 다른 방법이 없다고 생각합니다. 이러한 학습을 고도화하는 방법으로는 먼저 기술적인 부분에 대한 개념 원리 그리고 재무적인 부분까지 학습이 되어야 가능한 부분입니다.

"귀사의 조건은 저희가 수용하기 어렵습니다. 우리 기준에서 벗어나기 때문이죠. 하지만 충분히 귀사의 의견을 잘 들었으니, 다른 방법을 검토해 보겠습니다."

당면에서는 안 된다는 이야기를 먼저 하고 향후 다시 논의에 대한 가능성을 시사하면서, 안 되지만 상황에 따라서 너희만 특별하게 무언가를 제공해 주겠다는 의미로 향후 거래사 성립이 되면 담당자는 '나의 능력이 높아서 안 되는 것을 되게 했다'라는 통쾌함을 얻을 수 있습니다.

- 조건부 돼요

조건부 돼요 조건이 가장 보편적이고 쉬운 부분입니다. 그리고 가장 체계적인 협상 조건입니다. 보편적, 체계적 조건을 제시하기 위해서 선행되어야 하는 것이 내부 시스템입니다.

먼저 사양적인 부분에서 우리의 최종 사양이 있어야 하고 여기에 추가로 변경 가능한 사양 조건들이 열거되어야 합니다. 그리고 비용적인 부분에서도 각 조건별 가격표가 있어야 합니다.

영업을 잘하는 회사는 위 두 가지 모두 체계화되어 있습니다. 제 경험상 유럽 기업들이 이런 경우가 많았습니다. 조건을 열거하고 조건에 따른 방법론에 대한 설명 부분입니다.

제가 제시드리는 '조건부 돼요'는 위에 서술한 체계적인 부분과 함께 외부로 알려지지 않은 조건들을 추가로 제시하는 것입니다. 우리나라에서는 자동차 대리점, 보험 대리점에서 많이 사용하는 방법입니다. 별도의 인쇄물을 별도의 파일로 굳이 힘들게 프린트해서 들고 다니는 것입니다. 스마트하게 PDF를 태블릿이나 PC에 넣어서 그때그때 고객사에 제시하는 게 아닌 가방 깊숙한 곳에서 A4 용지로 인쇄된 어떠한 서류, 이것이 '조건부 돼요'의 핵심입니다. 이러한 조건은 원래는 안 되는 것이지만, 약간의 가이드 역할을 해 주는 일종의 레퍼런스 자료일 것이고 이러한 레퍼런스 자료는 즉시 결정되는 것이 아닌 '본사와(회사와) 유선 협의를 통해서' 현장에서 결정되는 것입니다. 이러한 결정은 매우 조심스러운 것이고 이 조심스러운 것은 고객사 입장에서도 조심스러운 것이어서 굳이 힘들게 종이로 된 프린트물이어야 하는 것입니다. 우리는 그런 비밀스러운 것을 보고 찾으면 보물을 찾은 것처럼 기분이 좋습니다.

- **막무가내 협상**

우리는 종종 고객사의 막무가내 협상에 놓입니다. 이때 조심해야 할 것은 기업 대 기업 간의 관계 설정도 중요하지만, 기업(우리) 대 담당자(기업이 아닌 개인) 관계 설정이 중요합니다.

실제 협상 테이블에서의 조건이 고객사 즉 대상 기업 내부적인 방침으로 막무가내 협상이 진행된다면, 상황에 따라 조건부 협상이 가능하지만 이러한 막무가내 조건이 회사 내부 조건이 아닐 가능성이 높습니다. 성능 또는 가격이 막무가내 조건인 회사는 대부분 연속성이 어렵습니다. 그래서 굳이 힘들게 상대할 필요는 없습니다. 이는 심리적인 것까지 적용되는데 우리가 무리하게 막무가내 협상에 대응하게 되면 스스로 내부적인 장벽이 무너져서 다른 고객사와 협상을 할 때에도 '○○ 기업이랑도 했는데 여기도 해야지~'라는 생각이 적용되어 회사 전체적인 수익이나 기술이 악화되는 경우가 발생합니다. 이러한 협상의 공통점이 '기업의 관점이 아닌 개인의 관점'이기에 발생합니다. 결코 어떠한 기업도 개인이 아닌 조직이라면 막무가내식 협상을 시도하지 않습니다. 막무가내 협상은 대응하지 않는 것이 좋습니다. 하지만 고민해야 하는 것은 상대방의 조건이 막무가내식인지 아니면 어떤 조건에 의한 것인지는 알아야 합니다. 왜냐하면 내가 정보가 부족하기에 상대방의 조건을 막무가내 조건으로 느낄 수 있기 때문입니다. 이러한 상황에서의 최고의 방법은 '결정 보류'입니다. 고객사의 조건을 충분히 듣고, 다음에 다시 만나서 정리하는 것이 가장 좋은 방법입니다. 이렇게 시간이 경과하면 조건도 변화할 수 있으며 또 우리가 판단하는 경우의 수도 여러 가지 생길 수 있습니다.

거시 환경 분석

마케팅 전략을 위해서 진행하는 순서 중에 가장 먼저 진행하는 것이 거시 환경 분석입니다.

거시 환경 분석은 가장 기본이 되는 분석 방법으로, 어떤 방향으로 분석하느냐에 따라 하나 마나 하는 분석이 될 수도 있고, 반면 소비자 층을 특정하거나 트렌드를 읽을 수도 있습니다. 거시 환경을 통해서 변해 가는 흐름, 특히 환경적인 요소에 대응을 하기 위한 방법론을 수립할 수 있습니다. 더불어 거시 환경을 조사하면서 실제 시장 사이즈에 대한 규모를 짐작할 수 있으며, 현재 우리 아이템이 시장에 적합한 아이템인지 아닌지에 대한 판단도 가능하게 되는 환경 분석 방법입니다.

거시 환경을 분석하는 방법은 대표적으로 PEST 방법과 STEEP 방법이 있습니다. 먼저 PEST 방법은 정치(Political), 경제(Economic),

사회(Social), 기술(Technological)을 분석해서 환경을 조사하는 방법이며 STEEP 방법은 사회(Social), 기술(Technology), 경제(Economic), 환경(Enviromental), 정책(Political)을 분석하는 방법으로 PEST와 STEEP 방법은 상당 부분 중복됩니다. 본 장에서는 PEST 방법 중심으로 생각을 확장하겠습니다.

• 거시 환경 분석을 위한 자료 조사 방법

처음 전문적으로 훈련되지 않은 인력이나 개인이 거시적인 자료를 직접 조사하기 매우 어렵습니다. 거시 환경을 직접 조사하는 주체는 보통 정부 그리고 삼성경제연구원, 현대경제연구원과 같은 대형 경제연구원에서 조사하게 됩니다. 그러니까, 개인이 거시 환경을 직접 조사한다는 것은 불가능에 가깝습니다. 그래서 우리는 기출간된 2차 자료를 중심으로 조사를 진행하게 됩니다.

출간된 자료 즉 2차 자료 중심으로 조사를 하고 그 조사 결과를 정리하는 것이 바람직합니다. 그럼 조사할 항목을 하나씩 확인하면서 자료 출처에 대해서 알아보겠습니다.

• P/Polotical

정치적인 부분을 조사하기 위해서는 관련된 정부 발표 자료 및 관련법 중심으로 분석하는 것이 좋습니다. 예를 들어 자동차 시장을 조사하기 위해서는 환경부, 산업자원부 등의 '보도 자료'를 확인하는 방법이 일반적이며 농축산의 경우 농림수산자원부의 보도 자료를 찾아보는 것이 바람직합니다. 위 열거된 정부 부서에서 우리는 무엇을 봐야 할까요? 먼저 보도 자료의 경우 보도 자료를 한곳에 모아 둔 페이지가 있어 그 페이지에서 '보도 자료'라고 검색하면 됩니다.

출처: 보건복지부

보도 자료는 정부에서 어떠한 정책이나 정부의 방향성을 설정할 때 사용하는 단어 그대로의 '보도 자료'로서 언론에서 이 보도 자료를 기준으로 기사를 만들고 출간합니다. 그렇기에 정부에서 발표하는 모든 정책은 이 보도 자료를 참조하시면 도움이 많이 됩니다.

이렇게 보도 자료가 발간되는 것을 확인하시면 일정 부분 정부의 방향성 설정에 대해서 확인이 가능합니다. 그리고 좀 더 구체적인 내용을 확인하기 위해서는 정부종합계획 또는 정책방향성을 확인하셔야 합니다.

· E/Economic

두 번째로 경제 자료를 조사하기 위해서는 기획재정부, 한국은행, 삼성경제연구원 등의 정보 출처가 있습니다. 이러한 정보를 기준으로 분석할 때 주의해야 하는 것은 경제 지표나 물가 지수 등을 자의적으로 해석하지 말고 자료 자체의 내용을 그냥 채택하는 것이 바람직합니다. 자료를 조사하는 방법은 어렵지 않습니다. 자료를 찾고자 하는 페이지에 가서 검색을 하시면 나옵니다. 또한 기획재정부나 한국은행 자료는 경제 지표를 확인하기 너무 좋은 자료지만, 아무래도 민간 자료보다는 조금 어렵습니다. 그렇기에 자료 해석 등 어려운 부분이 있다 하시면 경제연구원의 발표 자료를 참조하시는 것도 좋습니다. 다만 일부 과금이 발생되는데, 이러한 과금은 우리 기업이 큰길을 가는 데 전혀 아깝지 않은 자료입니다.

출처: 삼성글로벌리서치 홈페이지

• S/Social

　세 번째 사회 부분입니다. 사회 부분의 대표적인 지표는 인구 통계 자료 분석이 우선됩니다. 보통 이 부분을 간과하시는 경우가 있는데 인구 숫자는 곧 우리 기업의 매출과 직결됩니다. 예를 들어서, 우리가 공기 청정기에 들어가는 LED 모듈을 개발하여 납품한다고 가정을 하면 인구 통계 데이터의 활용은 먼저 공기 청정기를 구입해야 하는 고객을 특정할 수 있습니다. 우리 고객사의 주 고객이 신혼 가정이라고 한다면, 전국 각 시도별 신혼 가정 데이터의 숫자는 우리가 납품해야 하는 LED 모듈의 숫자와 직결됩니다. 이렇듯 인구 데이터는 매우 중요한 사회적 환경 분석 요소입니다. 만일 이 글을 쓰는 현시점 가장 뜨거운 트렌드 중 하나인 수출에 관련된 내용이라면 그러니까 해외 수출이라면 어떨까요? 각 국가별 독특한 문화적 태도를 조사해야 하지 않을까요? 예를 들어서 중국은 숫자 8을 좋아합니다, 실제로 포털에 검색한 결과, 여러 매체에서 '8을 좋아하는 중국인'을 주제로 이야기를 하고 있습니다. 그럼, 객관적인 검토는 어렵다 하여도 최소한 '중국은 숫자 8을 좋아하는구나'라는 생각은 할 수 있습니다. 중국에 수출을 하는 기업이라면 우리 제품 브랜딩에 숫자 8을 차용하는 것도 나쁘지 않다는 말씀을 드려 봅니다. 이렇듯 사회적으로 분석해야 하는 라이프 스타일, 문화, 교육 수준, 직업 등 해당 국가의 문화와 규범 기대치 등 즉 '사회적 트렌드' 분석 내용을 수집 분석 하는 것입니다. 사회적 이슈를 조사할 때에는 해당 아이템에 대한 뉴스 검색에서 시작하여 관련한 단체의 발표 자료 등 다양한 부분을 보게 됩니다.

· T/Technological

네 번째 분석 내용은 기술입니다. 거시 분석에서 말하는 기술은 관련한 현재 기술 추이, 기술적 변화 속도, 등 기술적인 분야를 분석하게 됩니다. B to B 기업의 특성상 대부분 기술 기반이기에 특별한 기술 조사 방법에 대해 이야기는 하지 않겠습니다만 대한민국은 '중소기업 기술 개발 로드맵'을 보면 해당 분야 기술 로드맵의 확인이 가능합니다. 기술 기반이 아닌 저희 회사와 같은 서비스 기반의 기업이라면, 고객사의 기술을 분석해서 거기에 해당하는 분야를 조사해야 합니다. 그리고 조사된 기술에 우리의 서비스가 어떻게 도입이 되는지도 분석을 해야 합니다.

출처: 중소벤처기업부

    기술 조사를 하시면서 어떠한 관점에서 중점적으로 조사해야 하는지 알아보면 현재 기술 수준 대비 새로운 기술은 무엇이 있는가? 새로운 기술은 시장 파급력이 어느 정도 될까? 조사된 기술이 보급되기 위해 필요로 하는 기반 기술은 무엇일까? 등 관련된 기술을 조사하게 됩니다. 조사를 하시면서, 현재 우리 기업의 기술적 위치를 기준으로 넓은 의미의 기술 조사를 진행하게 됩니다.

    PEST 항목에 대해서 조사가 되었으면 이를 서술하는 방법에 대해 알아보겠습니다.

환경 조사 시 조사 연구원이 다수 참여하게 되면 다양한 정보를 좀 더 매력적으로 조사가 가능하게 됩니다. 이러한 조사는 2차 자료 즉 누군가에 의해 발행된 자료를 중심으로 조사하게 되는 경우로 다수의 의견을 조합하면서 정리를 하게 됩니다. 이때 주로 사용하는 연구 방법론으로는 KJ법이 있습니다. 여러 명이 조사하는 것이 아니라 혼자 조사한다면 최빈값 즉, 가장 많이 노출되는 항목을 상위에서 3개~5개를 선정하여 작성합니다. 이때 도출되는 항목은 개조식으로 작성하게 되며 다음과 같은 형태로 정리하시면 용이하게 조사가 가능합니다.

PEST Analysis

Political	Economic	Sociological	Technological
2018년 이후 폐플라스틱에 대한 정부 정책 가속화	폐기물 처리 시장의 폭발적인 증가	환경오염 심각성에 대한 인식 전체 98%	자동화 기술 세계 최고 수준
RPA 제도의 확대 및 관련 인센티브 제도 도입	재생 플라스틱 산업 규모 연간 6%의 고속 성장	재활용 단어의 부정적인 어감에 힘입어 REUSABEL라는 신조어 등장	AI 관련 기술 세계 최고 수준
유럽 신순환경제 체계 도입에 따라 국내 시스템 변화 촉구	관련한 재생 플라스틱 기장 규모 연간 약 2조 원 대로 추정	친환경 단어는 트렌드 단어가 아닌 시대를 관통하는 공용어로 자리매김	해중합 관련 선도 국가 대비 2~3년 뒤처짐
생산·소비·관리·재생 전 분야에서 정부 추진 과제 선정 및 배포	대기업을 중심으로 사용화 촉진 중	플라스틱 배출량 1인당 세계 1위에 대한 경각심 고조	열처리유 관련 개발 진행 중

위 도표를 보면 조사된 항목들을 개조식 문장으로 정리한 것을 확인할 수 있습니다.

위 도표의 내용은 제가 폐플라스틱에 대한 거시 환경 조사를 진행했던 것 중 일부입니다.
　이렇듯 한두 줄로 마무리되는 수준으로 간략하게 먼저 조사하고 그 내용을 세부적으로 조사해 가면서 PEST 조사의 질을 높이는 방법을 추천드립니다.

SWOT 분석

'SWOT', '스와트 분석', '스왓 분석'. 여러 발음으로 표현하는 기업 진단 분석 기법에 대해 알아보겠습니다.

약 20년 전 제가 직장인으로 처음 시작할 때 한 달이 넘지 않는 시기에 스왓 분석을 했습니다. 당시는 인터넷에 자료도 부족하고 지금은 사라진 야후 검색 서비스가 한참이던 시절이니 정보가 너무 부족했습니다. 작은 조직(약 30명)이었지만 당시 20대 사회 초년생에게 스왓 분석을 시킨 경영진의 마음을 지금은 잘 이해합니다. 왜냐면 앞서 말씀드린 대로 정보 자체가 부족하고, 있는 정보라 하여도 대부분 영어로 되어 있습니다. 영어를 할 줄 안다는 이유로 제가 영어로 된 서류를 보면서 스왓 분석을 시작했습니다. 당시 경연진들도 어디선가 본 것이 있었지만 (그것은 멋있고 잘만 하면 알아서 처리 가능한 자료였습니다) 그 자료가 의사 결정에 크게 중요하지도 않았고 또 영어로 적혀 있어 영어를 잘하는 신입에게 시킨 것은 아닐까요? 충분히 이해합니다. 왜냐면 지금의 경영진들도 그런 분들이 많이 계시니까 말이죠.

스왓 분석은 고도로 숙련된 내부 인력이 외부 인력의 도움을 받아 완성하는 매우 세련되고 정밀한 분석 기법입니다. 스왓 분석은 분석의 가장 기초이지만 가장 어려운 분석으로서, 가장 쉽게 접근이 가능한 이유가 스왓 분석이 너무 친숙하고 인터넷에 관련 자료들이 넘쳐 쉽게 받아들이는 경향이 있습니다. 이번 장에서는 스왓 분석을 하는 방법과 스왓 분석이 왜 중요한지 알아보고 그 활용에 대해 알아보겠습니다.

S: Strength. 자사의 강점
W: Weakness. 자사의 약점
O: Opportunity. 외부 기회 요소
T: Treat. 외부 위협 요소

SW | OT

제가 가로로 쓴 이유는 SW와 OT를 왼쪽 SW 내부 분석, 오른쪽 OT 외부 분석으로 구분하기 위함입니다.

우린 내부 외부 분석을 통해 내부 의사 결정을 하기 위해 스왓 분석을 합니다. 보통 신제품이나 신사업을 결정할 때 이용합니다. 명확하고 정확한 내부 분석 그리고 외부 환경 분석으로 해야만 우리는 우리 사업에 성공할 수 있습니다. 중요한 만큼 어려운 분석이기도 합니다.

· S: Strength

먼저 왼쪽 부분인 내부 분석부터 고민을 해 보면 내부의 강점 사항들은 무엇이 있을까요? 가장 기본적으로 물적 자원, 인적 자원 검토가 필요하며 대표자의 의지, 그러니까 경영진의 의지가 있습니다. 신제품을 포함하여 진출 시장 내 시장 점유율 또 측정이 어려운 브랜드 파워 등이 있습니다. 이러한 것들은 약점에 해당되기도 합니다.

내부 강점만 생각했습니다. 어떠신가요? 인터넷에 돌아다니는 스왓 분석 자료가 얼마나 부실한지 이해되시나요? 그리고 그 부실한 자료가 다른 부실을 양산하고 그 부실을 진짜라고 믿는 사람들. 이런 현상은 이미 20년 전에도 그랬습니다. 아마 20년 뒤에도 같을 것입니다. 매우 어렵고 수준이 높은 분석, 최고 수준의 분석입니다. 그래서 스왓 분석만 잘해도 매우 유능한 직원이 될 수 있습니다. 본 책을 통해서 스왓 분석과 구체적인 내부 분석을 위한 것을 알아보겠습니다.

가장 먼저 물적 자원은 무엇이 있을까요? 대표적인 것이 생산 시설입니다. 제조업이 아니시라면 '인적 자원=물적 자원'이 될 수도 있습니다만, 제조업 관점에서 먼저 물적 자원을 생각하면 생산 시설입니다.

생산 시설은 또 양산 시설, 연구 시설로도 구분이 됩니다. 양산 시설의 경우 중요한 것은 일회 생산 물량입니다. 일회 생산을 일 년으로 하면 연간 생산 규모가 됩니다. 이러한 연간 생산 규모는 우리의 강한 강점이 될 수 있습니다. 또 생산 시설의 현대화도 중요합니다. 구형 장비로는 신형 제품을 생산하기 어렵고, 그런 사실을 고객사들도 알고 있습니다.

연구 시설이 별도로 있다는 의미는 언제든 시장 트렌드에 맞추어 새로운 제품을 개발할 수 있다는 의미입니다.

저희 고객사 중 한 곳은 국내 유일 MS 제공 서비스 중 한 분야 독점 이용 회사입니다. 이를 통해 저희 고객사는 영업을 진행하고 또 부차적인 것들 특히 엔지니어링 수준이 높은 회사로 인식되고 있습니다. 이러한 기업의 인증이나 자격 등도 물적 자원이라고 할 수 있습니다.

특히 보유 숫자도 해당이 되겠습니다. 이외에도 물적 여건에 해당되는 것들이 다수 있습니다. 즉 기업 입장에서 "이런 부분은 눈에 보이는 물리적인 강점이다"라고 하는 부분입니다.

인적 요건은 어떤 것이 있을지 생각해 봅니다. 제가 어릴 적 자주 쓰던 말인 '젊고 도전적인 패기'입니다. 아직도 이런 쓸데없는 말을 차용하시는 기업들이 일부 있습니다. 물론 40대 미만의 경우 신체적으로 발달한 시기여서 50대 이상의 사람보다는 지구력이 높습니다. 평균적으로 높을 것입니다. 스왓 분석을 하기 위한 인적 요건은 해당 프로젝트를 추진하기 위한 사람들에 대한 이야기입니다.

저희 고객사 중에 대기업에서 R&D만 하는 계열사 대표 이사 출신 분이 계십니다. 기술 개발 방법론과 팀 운영 등 매우 강력한 경험을 보유하고 계십니다. 하지만 스타트업이다 보니 내부 인원이 매우 부족합니다. 이런 유형의 기업의 경우, 쉽게 생각해서 대표가 order를 내렸을 때 충분히 수행 가능한 인력으로 구성이 되었다면 인적 요건이 매우 훌륭한 기업이 되는 것입니다. 반면 충분한 인력 구성이 어려운 상황이라면, 충분하지 못한 인력을 채용해서 육성하는 시스템이 있어야 합니다. 또 다른 인적 요건 중에는 협력사가 될 수 있습니다.

협력사와 매우 유기적인 관계에 있으면, 우리가 진행하는 프로젝트의 일부를 외주를 줄 수 있고 때로는 공동 작업이 가능합니다. 대표적인 예시가 앞서서 말씀드렸던 MS와 협력을 하는 고객사입니다.

물리적 자원과 인적 자원 이외에 우리 강점이 될 만한 것은 무엇이 있을지 고민해 봅니다.

브랜딩 수준을 고려해 보겠습니다. 브랜드 인지도가 높으면 당연히 강점이 됩니다. 우리가 신사업을 할 때 브랜드 이미지는 신사업의 성공과 직결되는 부분입니다. 국내 가장 인지도 높은 브랜드 중 하나는 '초코파이'입니다. 초코파이 하면 연상되는 것은 '정'이고 '정'이라는 각인을 만들어 둔 기업 그리고 초코파이라는 대명사를 만든 기업은 '오리온'입니다. 오리온이 초코파이를 해외 시장에 진출시키면서 한국의 입맛과 다른 유럽을 공략할 때 '한국 내 1위 브랜드'라는 타이틀을 이용하여 해외 시장 개척에 탄력을 받은 것은 너무나도 유명한 사례입니다. B to B 프로세스에서도 브랜드 인지도는 매우 중요합니다. 대표적인 예시가 소부장 분야의 서보 모터 대표성인 '미스비치', 'SPC'가 있습니다. 실무에서 사용하는 성능은 국산 제품과 크게 차이가 없습니다. 사실 제품 테스트에서 차이가 나지 않습니다. 하지만 해외 브랜드들이 더 우선시되는 이유가 사용자들이 이런 이야기를 합니다. "처음에는 몰라도 쓰다 보면 국산은 소리가 난다." 실제 소리가 나긴 납니다. 그러나 일본 제품도 소리가 납니다. 스펙은 차이가 없지만, 사람들은 여전히 일본 제품을 선호합니다. 이러한 것이 바로 브랜드로 인한 '확증 편향' 때문입니다.

　　브랜드와 유사하게 확보하고 있으면 유리한 부분이 고객사입니다. 고객사를 많이 확보하고 있다는 뜻은 이미 충분한 납품 실적을 확보하고 있다는 것과 일치하기 때문입니다. 하지만 B to B를 준비하는 스타트업의 경우는 어떻게 해야 할까요? 현실적으로 안타까운 이야기지만, 창업 후 물건을 처음 매입해 줄 고객사가 확보되어 있지 않으면, 초기 납품 실적 확보가 매우 어렵습니다. 이런 경우 다양한 프로모션을 통해서 납품 실적을 반드시 확보해야 합니다.

그럼 이제 내부 약점은 무엇이 있을까요?

· **W: Weakness**

　가장 대표적인 약점이지만, 가장 준비가 필요한 부분이 바로 재무적인 상황입니다. 너무 당연한 것이 신사업, 창업을 하기 위해서는 자금이 필요한데 이 자금이 없는 경우 신사업 자체를 못 합니다. 창업의 경우는 이렇지만, 기업의 조직이라면 어떨까요? 최소한의 자금은 확보한 상태에서 분석이 진행되기에 창업 기업보다는 매우 유리하지만 여전히 불확실한 신사업을 위해 자금을 투입하기는 매우 힘든 결정입니다. 당연한 약점인 재무적 약점 이외에 강점에서 보여 주었던 부분이 이번에는 약점이 될 수 있습니다. 하고 싶은 아이디어나 특허 등 기술력은 확보했지만 이를 진행할 인력이 없다면? 바로 인적 자원에 대한 약점이 아닐까요? 또 인력과 기술을 가지고 있지만, 생산 시설이 없다면… 그래서 외주 제작을 해야 한다면 그것 역시 약점이 아닐까요? 또 이런 경우는 어떨까요? 우리가 기술과 생산 그리고 사람도 있지만, 제품에 대한 기술성이 너무 높아서 제대로 영업할 사람이 없는 경우 이런 경우도 약점이 아닐까요? 또 사람도 있고 다 있지만, 산업적 특성상 유통 채널이 필수로 들어간다면 그래서 유통 채널에 의지를 많이 해야 한다면, 이 역시 약점일 수 있습니다.

　현재 확보한 고객사가 적을 경우 이런 부분은 매우 강력한 약점이 될 수 있습니다. 그리고 우리 고객사 입장에서 우리 회사 제품을 대신할 대안책이 많은 경우도 약점이 될 수 있습니다. 당연한 이야기지만 브랜드 인지도가 낮은 것도 약점이고요.

약점을 하나하나 열거하기에는 너무 많아서 이쯤에서 정리를 하고 극복 가능한 약점들을 생각해 보겠습니다.

우리 제품이 경쟁 제품보다 수익률이 낮으면 이 역시 약점입니다. 다행스럽게도 이를 극복하려면 수익률을 올리면 되는 단순한 방법이 있는데, 사실 이 단순한 방법이 너무 어렵습니다.

그래서 우리는 ROI 분석을 하는 것입니다. BEP 분석이라고도 하고 즉 수익률 계산을 하면 생산 단가 중에 높은 비중을 차지하는 요소를 찾을 수 있고 이를 극복하기 위한 방법까지 나오게 됩니다. 그리고 또 상대적으로 극복 가능한 약점 중에는 원천 기술 부분이 있습니다. 가장 기본인 원천 기술은 반대로 가장 약점이 될 수도 있습니다. 우리가 개발한 기술이 알고 보니 독자적인 기술이 아닐 경우, 보통 이런 경우 우리의 방법을 바꾸거나 중복성이 야기되는 기술을 구입하는 것으로 나뉘게 됩니다. 이때 우리가 재무적 안정이 있다면 기술을 사 오면 되는 거고 재무적 안정이 어렵다면 독자적인 기술을 확보하는 것이고 그렇게 되겠습니다.

- **O: Opportunity**

외부 기회 요소들에 대해서 생각해 보겠습니다.

우리가 사업을 진행하는 여러 가지 환경 중에서 기회 영역으로 활용하면 매우 긍정적인 효과가 나타나는 부분이 많습니다. 먼저 기회 요인은 우리의 영향력이 덜 미치는 외부 영역에서 발생합니다. 외부 기회 요인 중 대표적인 부분이 정부 정책입니다. 반대로 정부 정책은 위협 요인으로도 해석이 됩니다. 그리고 우리가 직접 관련이 있는 산업 분야의 사회적 인식 또 경제 성장 등이 해당됩니다. 2023년도부터 의무 시행이 되는 법률 중 대기환경법에 관련이 있는 기업들은 오염 물질 발생 시설에 의무적으로 IoT 기기를 달아서 환경부 관리 웹페이지(그린링크)에 오염 물질 발생량을 실시간 전송해야 합니다. 그럼 만약 우리 사업이 환경 센서를 통해 수집되는 정보를 모니터링하는 SW 회사라면, 우리 센서가 탑재된 IoT 기기를 만들면 시장은 폭발적으로 성장하게 됩니다. 또 이 IoT 기기에 들어가는 각종 환경 탐지용 센서 제조사 역시 매우 큰 시장 기회를 맞이하게 됩니다.

사회적 인식 증가도 좋은 기회 요소입니다. 치열해지는 경쟁에서 우리의 제품과 아이디어가 시장에서 통용되는 트렌드가 되면, 시장 진입자라 하여도 상대적으로 좋은 위치에서 경쟁이 가능합니다. 예를 들면 환경과 직결된 제품인 텀블러의 경우 다양한 기능이 추가되면서 기능적 차별화를 강조하는 제품들이 나오지만, 결국 텀블러 본연의 기능에만 충실한 제품들이 시장 지배적이기에 그림만 다른 텀블러가 시장 내 새로이 진입해도 일정 부분 판매가 됩니다.

만약 우리 제품이 시장 기회가 적다면, 우리는 시장 기회가 큰 영역으로 제품과 제품 콘셉트를 시장이 큰 영역으로 Conversion하는 전략을 만들 수도 있습니다.

· **T: Threat**

우리 기업과 우리 조직의 위협 요소들은 너무 많습니다. 그리고 그러한 위협 요소들의 대부분은 우리가 극복하기 어려운 요소들이 있습니다. 우리는 이런 위협 요소들을 잘 선별해서 극복 가능한 부분은 극복하고 극복 불가능한 부분은 회피하면 됩니다. 그러기 위해 위협 요소들을 객관적인 시각으로 관찰하고 찾아야 합니다.

위협 요소 중 극복하기 가장 어려운 요소가 경제 위기며 그리고 소비자의 목적이 변하는 것들입니다. 글을 작성하는 시점인 2022년도 하반기처럼 글로벌 경제 위기가 걱정되고 물가가 지속적으로 상승하고 있다면 우리의 고객사들은 대부분 투자 축소를 진행합니다. 투자 축소를 하게 되면 우리 제품에 대한 구입 수량이 적어집니다. 이런 것이 예상된다면 우리는 어떤 대처를 해야 할까요? 고객사가 만들고자 하는 제품 중 시대의 흐름과 가장 유사한 제품을 우리 내부적으로 선별하여 해당 제품에 우리 기술이 적용될 수 있도록 프로모션하는 건 어떨까요? 또 고객사의 제품이 고가에 판매가 된다면, 우리 공급하는 제품도 살짝 가격을 올리는 것도 나쁘지는 않습니다. 그리고 당연한 이야기지만 정부 정책의 변화에 따른 위협은 즉각 대처해야 하는 부분입니다. 위와 같은 예시에서 정부의 정책이 위협 요소가 되는 케이스를 생각해 보면, 대기환경법에 의해 IoT 관련 업종은 기회이지만, 기존에 환경을 측정하고 환경부에 신고 대행을 하던 업체들은 더 이상 사업을 영위하기 어렵습니다. 이러한 위협 요소는 우리 회사의 전략을 바꾸기에 너무 충분한 근거가 됩니다.

- SWOT 조사를 할 때 주의해야 하는 것

객관적인 시야를 지켜야 합니다. SWOT를 조사하다 보면, 종종 우리는 심리적 보호 기제를 발동합니다. 내부 강점은 더 강조해서 작성하게 되고 약점은 애써 감추려고 하고 시장 기회는 크지만 위기는 작게 작성하게 됩니다. 이러한 글은 보는 이에게 흐뭇한 웃음을 주지만, 회사 전략에는 크게 쓸모없는 조서가 됩니다.

이렇게 항목별 정리가 되었으면 이제 전략 방향성을 고민해 봐야 합니다.

전략적 방향성은 단순합니다. 약은 보완하고 강점은 강조하며 위협은 극복하며 피하고 기회는 적극 수용하면 됩니다. 너무 당연한 이야기입니다만. 이를 조금 풀어 쓰면 다음과 같습니다.

외부 환경 내부 환경	강점(S)	약점(W)
기회(O)	SO 전략 (발전형 전략)	WO 전략 (전환형 전략)
위협(W)	ST 전략 (다원화 전략)	WT 전략 (방어형 전략)

정리된 SWOT을 이용하여 전략을 구성하면 4가지의 전략적 방향성이 있습니다.

먼저 SO 전략은 내부 강점을 이용하여 시장 기회를 적극적으로 펼치는 전략, SO 전략은 내부 약점을 극복해서 시장 기회를 적극 대응하는 전략, ST 전략은 내부 강점을 통해 위협 요소를 극복하거나 회피하여 시장 기회를 만드는 전략, 마지막으로 내부 약점을 극복하고 외부 위협 요소로부터 회피하거나 극복하기 위한 WT 전략입니다.

SWOT 분석을 통한 전략 구성을 알아보았습니다. 회사 내 전략을 만들기 위한 가장 강력한 분석법인 SWOT는 종종 정교한 해결 방법을 찾지 못하고 치밀한 전략 방법론 수립이 어렵다는 평가를 받습니다. 단언컨대 그런 이야기를 하는 사람들은 제대로 된 SWOT을 모르는 사람들입니다. 만약 SWOT 무용론을 주장하는 사람들의 말이 사실이라면 왜 SWOT 분석 이후 내부 외부 분석을 통한 마케팅 전략을 개발하는 프로그램들이 없을까? 생각해 봅니다.

마지막으로 이렇게 같이 고민하고 알아본 스왓 분석은, 분석을 하는 방법에 있어 '정석'이라는 것은 존재하지 않기에, 위와 같이 고민을 하면서 어떤 부분들을 집중해서 고민해야 하는지 그리고 기본적으로 고민해야 하는 부분이 어디인지를 확인한 것이므로 결코 위와 같은 방법이 '정석' 방법은 아님을 말씀드립니다. 위 방법을 예시로 다양하게 변형해서 회사 내 최적화를 하시면 좋겠습니다.

B to B STP 전략
- Segmentation (고객 세분화)

마케팅 전략을 구성할 때 내부 환경, 외부 환경 분석을 마무리하고 SWOT 전략을 수립하고 난 이후 세부적인 마케팅 전략을 위해 진행하는 고객 세분화, 목표 고객 선정, 목표 고객별 프로모션 전략(홍보 방법)이 진행됩니다. 이른바 'STP'라고 하며 그 첫 번째인 고객 세분화(Segmentation)에 대해 말씀드리겠습니다.

먼저 고객 세분화를 하는 이유는 단어적 의미 그대로 고객을 세부적으로 구분함으로써 구분된 고객 중 우리의 목표 고객이 누구인지 특정하기 위함입니다. 여기서 합리적인 생각이 드는 것이 B to B 비즈니스에서는 사실상 고객이 특정돼서 사업을 시작하는 경우가 많이 있습니다. 특히 고객 주문 방식이라면 더 고객을 세분화하기 어렵습니다. 그렇다면 고객을 세분화하는 것이 크게 의미가 있을까? 하는 생각도 들지만, 그럴수록 더욱더 고객층을 세분화하여 세분화된 고객층을 대상으로 맞춤식 전략을 구성해야 합니다.

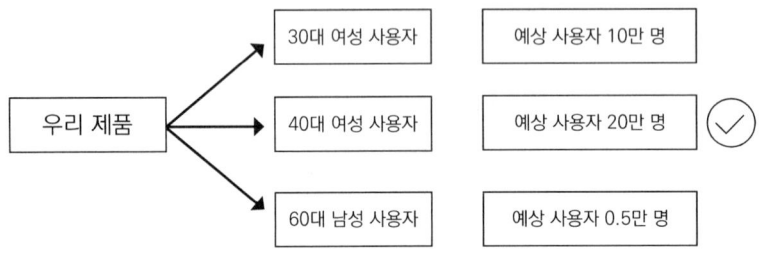

B to C에서 인구 통계학적 분류에 따른 고객 세분화 예시

　B to B 비즈니스에서는 고객 세분화의 개념이 B to C와는 조금 다릅니다. 이유는 비즈니스의 특성상 고객이 한정적이고 주로 주문에 의한 생산 방식이 주된 내용이므로 디테일하게 고객을 세분화하기 위한 정보 자체가 부족합니다. 정보가 부족해서 고객을 세분화하기 어렵기는 하지만, 반대의 개념으로 시장 내 정보가 부족하므로 고객사 역시 우리의 경쟁사에 대한 정보가 부족할 수밖에 없습니다. 즉 우리 고객사도 우리와 같은 환경에 놓여 있습니다. 이러한 정보의 편협함을 인지하고 우리는 고객사를 세부적으로 구분하는 방법을 알아보겠습니다.

B to C와 B to B의 세분화 예시

• 산업 분야에 따른 구분

먼저 산업 분야에 따라 우리의 고객사가 구분될 수 있습니다. 우리의 제품이 가정용품을 만들어 판매하는 기업에 납품을 하게 된다면 우리는 가전제품을 만드는 부품 공급사입니다.

만약 우리의 제품의 용처가 가전제품뿐만 아니라 건설 분야 장비에도 적용된다고 생각하면 우리는 건설 분야 고객사에도 납품이 가능합니다.

예시를 들어 설명드리면, 가정용 로봇 청소기에 사용되는 위치 추적 센서는 주로 근거리 통신을 중심으로 사용되는 센서입니다. 이 센서 박스를 제조 및 프로그래밍하는 기업이라면, 건설 현장에서는 근거리 통신이 필요한 부분 즉 장비와 사람이 특정 거리 안에 들어오면 반응하게 하는 센서로도 충분히 활용 가능합니다. 이렇듯 가정용 부품 납품 전문 기업은 산업용 제품으로도 납품이 가능합니다.

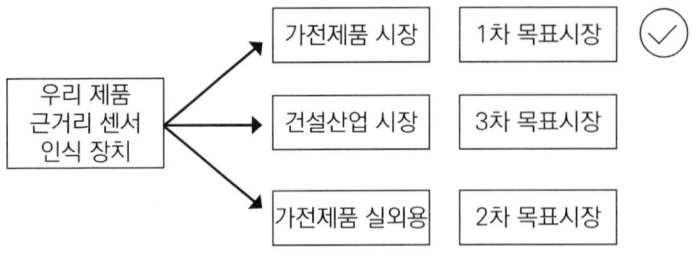

그룹사 납품을 생각해 보겠습니다. 현대자동차 그룹 계열사 중 현대모비스에 전장 박스를 3차 벤더로 납품한다고 가정하겠습니다. 우리는 현대모비스가 아닌 다른 계열사에 전장 박스를 직접 납품하기는 어렵지만, 우리의 제품을 받아 주는 2차 벤더(모비스에 직접 납품하는 기업)는 충분히 현대자동차 다른 계열사에 (예를 들어 현대제철) 전장 박스를 충분히 납품 가능합니다. 그렇다면 산업적 우리의 고객사 집단은 자동차 관련 집단도 되지만, 제철 관련 분야도 진출이 가능해집니다. 이렇듯, 우리의 제품 또는 개발 예정 제품의 용처는 매우 다양하므로 각 산업별 고객을 구분하는 것도 필요합니다.

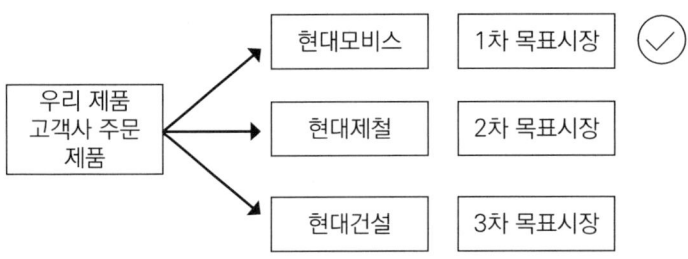

· **지리적 위치에 따른 구분**

　지리적 위치에 따라 고객사를 구분하는 방법은 조금은 조심스러운 방법이며, 제품을 납품하는 공급처로서 충분한 정보 보안이 돼야 하는 경우 해당하며, 지리적 위치가 상당히 떨어진 경우 가능합니다. 같은 제품을 동일 시장 내 다른 고객에게 납품하는 것은 사실상 불가능에 가깝지만, 고객사가 매우 거리가 먼 경우 납품이 가능합니다. 납품이 가능한 이유는 고객사 간 거리가 멀어 상호 간에 정보 수집이 매우 어렵기 때문입니다. 예를 들어, 전국을 대상으로 컴퓨터를 조립하여 납품하는 기업에 전원 공급부를 납품한다고 가정했을 때, 처음 고객사인 A 기업은 서울에 위치하고 두 번째 고객사인 B 기업은 전남 또는 경남에 위치한다면 두 기업은 동일 제품을 생산해서 판매하는 경쟁 기업임에도 불구하고 거리가 멀어 서로에 대한 정보 수집이 상대적으로 용이하지 못해 부품을 납품하는 우리 입장에서는 두 기업 모두 고객사가 될 수 있습니다. 그렇기에 우리 제품을 주력으로 사용하는 고객사의 경쟁사에 납품을 하게 될 때 '정보 보안'에 신경을 써야 한다는 말씀을 드렸습니다. 또는 매우 강력한 기술 또는 강력한 가격 경쟁력을 가진 경우 모든 고객사들이 서로 경쟁 관계에 있다 하더라도 우리 제품을 사용할 수밖에 없는 경우는 굳이 정보 보안이 필요 없습니다.

　지리적 위치에 따른 구분에서 서로 경쟁사가 아닌 같은 고객사일 경우 예시를 들어 보겠습니다. 예시 고객사는 글로벌 선도 가전제품

기업입니다. 경기도를 포함하여 충청도, 경북, 전북, 광주 등 여러 곳에 생산 공장이 있습니다. 전자레인지에 들어가는 전기 코드 선을 예로 들면, 경기도에서 생산하는 A라는 전자레인지에 들어가는 전기 코드와 광주에서 생산하는 A-1(성능은 똑같고 브랜드도 같지만 일부 파츠가 다른) 전자레인지에는 각각 다른 전기 코드가 사용됩니다. 사실 전기 코드 선은 기술적 진보가 필요 없습니다. KC 등 각종 규격만 통과하면 됩니다. 하지만 경기도 생산 제품인 A 제품과 광주 생산 제품인 A-1 제품은 서로 다른 전기 코드 선을 사용합니다. 그럼 우리가 경기도에 납품하고 있다면 광주에도 납품이 가능하지 않을까요?

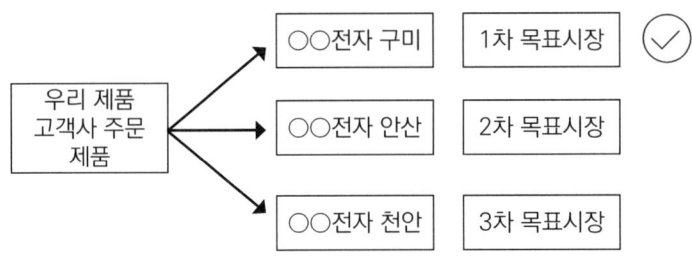

이러한 부분을 고려하여 시장을 세분화할 때 지리적 위치를 고려하는 것도 바람직한 방법 중 하나입니다. 지리적 위치로 고객층을 구분할 때 주의해야 하는 것은 고객사가 전국에 지사가 있는 경우에는 적용하기 어렵다는 점입니다. 이유는 구매부가 있는 중앙에서 모든 것을 통제하기 때문입니다.

· **국가 간 구분**

　고객사를 구분하는 방법 중 하나는 고객사를 국가별로 구분하는 방법이 있습니다. 국가 간 구분이므로 '수출'을 염두에 두어야 하는 것으로, 수출을 준비한다면 우리는 우리의 고객사를 국가별로 구분하게 됩니다. 국가가 다르더라도 즉 시장이 다르더라도 서로 다른 시장에 우리가 동일한 제품을 판매하게 된다면 설사 고객사가 국가가 다른 우리의 경쟁사가 되더라도 우리는 납품을 할 수 있는 가능성이 있습니다. 특히 기반 시설 관련 제품의 경우 이러한 방법 적용이 용이합니다. 예를 들어 설명드리면, 건설 공사에 사용되는 굴삭기를 제작 납품하고 우리 제품에 들어가는 '유압기'를 우리가 생산하여 사용한다면, 해외의 다른 굴삭기 제조 경쟁업체에 우리는 유압 실린더를 판매할 수 있습니다. 글로벌하게는 경쟁 기업이지만, 경쟁 기업이 있는 해당 국가는 우리의 완제품이 아닌 요소 부품인 '유압기'를 판매할 수 있기 때문입니다. 즉 국가 간 구분에서 시장이 다를 경우 충분히 우리 고객사로 선정하여도 좋습니다.

· **문화에 따른 구분**

　수출입을 하게 되면, 동일 국가에 다양한 민족이 함께 살아가는 경우가 많이 있습니다. 한국의 경우 단일 민족이기에 쉽게 다양한 문화에 대해 종종 오해를 하지만, 가까운 동남아시아를 보게 되면 다양한 민족이 모여 살고 있어 각 민족마다 독특한 문화를 계속 유지하고 있습니다. 이러한 환경에서는 지역이나 위치가 가깝다 하더라도 문화가 다르기에 충분히 시장을 구분할 수 있습니다. 예를 들어 인도네시

아의 이슬람 문화권에 납품하는 닭 정육과 소수지만 불교 문화권에 납품하는 닭 정육은 포장만 다를 뿐 정육을 가공하는 방법은 거의 동일할 수 있습니다. 이럴 경우 우리는 같은 제품을 동일한 국가에 다른 문화를 가진 고객사에게 납품이 가능한 것입니다. 즉 우리의 고객사를 구분할 때에는 이렇게 민족별 문화에 따라서도 달라지게 됩니다.

간단한 예시를 통해 세그멘테이션 조건이나 방법을 확인하셨으면 이제 더 궁금하신 부분이 생기실 것입니다. '굳이 고객사를 특정하는데 이렇게 범위를 넓게 설정하고 구분을 해야 하는 이유가 있는가?'에 대해서 말입니다. 예를 들어서 우리가 가정용품에 사용되는 파츠를 납품하고 있다면, 해당 시장 안에서 고객사의 경쟁사에 납품하기는 사실상 어렵습니다. 물론 독보적인 기술이 있는 경우는 해당되지 않겠지만 보통의 경우 고객사의 경쟁사에 납품하기는 어렵습니다. 하지만 고객사의 경쟁사가 만약 다른 문화권 또는 다른 국가에 있다면 어떨까요?

시장이 중복되지 않기에 우리 입장에서는 당연히 판매 가능한 신규 시장입니다. 역시 고객사 입장에서도 고객사의 시장과 중복이 되지 않으므로 크게 문제 되지 않습니다. 그래서 우리는 고객사의 범위를 넓게 가야 하는 것입니다. 똑같은 닭고기 후가공 납품이지만, 학생들을 대상으로 하는 국내 급식 시장과 미국의 급식 시장은 다르기 때문입니다.

그럼 다른 예시로 시장 세분화를 보겠습니다.

최초 물건을 만들게 될 때 기대하는 기술이 있습니다. 기대하는 기술이란 우리 제품을 판매하기 위한 가장 기본적인 기술을 말씀드리겠습니다. 예를 들어 반려견 사료라 하면, 기능성 사료로 제품이 만들어지는 과정에서 우리 개발자가 경쟁사와의 기술적 특장점을 부여하기 위해 어떠한 기능을 추가하게 됩니다. 그리고 또 우리는 이러한 반려견 사료 제조 회사 입장에서 시장에서 생존하기 위하여 경쟁사와의 기술적 특장점을 강조하기 위해 무언가를 제공하게 됩니다. 그것이 가격 할인일 수도 있으며 시장 존속을 위해 특장점을 강조합니다.

즉, 반려견 사료 시장에서 우리의 목표는 이러한 기술적(기능적) 목적에 따라 달라지게 됩니다. 비만 반려견을 위한 사료, 특정 음식에 알레르기가 있는 반려견을 위한 사료와 같이 기술 중심으로도 시장을 세분화할 수 있습니다.

이렇듯 반려견 사료(단미 사료)라 할지라도 매우 다양하게 시장을 세분화할 수 있습니다.

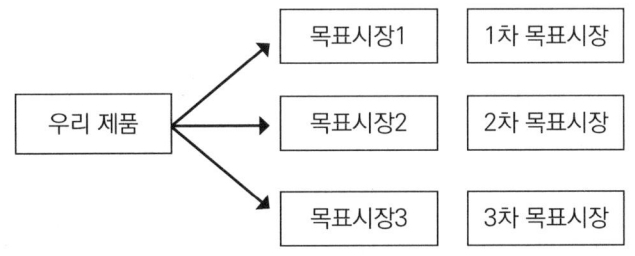

우리 제품 적용이 가능한 시장을 먼저 구분하고,
구분된 시장에서 대략적인 목표 시장 순서를 정한다.

산업 용품을 예시로 시장을 세분화해 보겠습니다.

가정용품에 적용되는 Power cable 즉 전원 선을 만들어 납품한다고 가정해서 생각해 보면, 같은 사양의 전원 케이블일 경우 노트북에 들어가는 케이블 시장, 냉장고에 들어가는 케이블 시장, TV에 들어가는 케이블 시장 다 우리 고객사가 될 수 있기에 우리의 목표 시장이라 할 수 있습니다. 또는 일반 산업 현장에서도 가정용 콘센트에 대응 가능한 전원 케이블이 필요하기도 합니다. 이렇듯 다양한 시장에 동일한 케이블을 적용할 수 있습니다. 물론 이러기 위해서는 거듭 말씀드리는 제품의 본래 기능에 충실해야 합니다. 대표적인 사항이 안전 인증입니다. 각 국가별 안전 인증 기준이 모두 다르기에 국가별 안전 인증을 다수 받았다면, 경쟁사의 제품보다 우수한 안전 제품이라는 것을 확인할 수 있습니다. 하지만 이런 것으로는 우리의 특장점을 부각할 수 없으니 여기에 추가적인 기능 예를 들면 피복이 매우 두꺼워서 어떠한 현장이든 적용 가능하다든가 또는 화재가 발생되지 않는다든가 등 우리가 공략할 시장에 맞추어 특징을 부가하며 개발을 진행하는 것이 바람직합니다.

전문 과학 기술 서비스 또는 디자인 서비스 등 개인의 역량이 품질을 결정하는 분야도 같은 맥락입니다.

저희 회사 매출의 80% 이상은 경영 컨설팅에서 나옵니다. 특히 신제품 개발 및 신규 시장 개척을 연구하고 컨설팅을 주로 합니다. 보통 신제품 개발을 하게 되면 기술에 대해서 해박한 지식을 보유하고 있어야 하는 게 업계 관행처럼 되지만, 저희 회사는 대부분의 산업 분야에서 신제품 개발 컨설팅이 가능합니다. 처음 시작은 공작 기계 중심으로 시작했지만, 현재에는 자동차 분야, IT 서비스 분야, 프랜차이즈 분야, 식품 분야, IoT 기기 분야 등 다양한 분야에 컨설팅이 가능합니다. 이러한 게 가능한 이유는 위의 예시와 동일하게 최초 시장에서 일정 부분 가시적인 성과를 달성하고 난 다음 다른 분야 연구를 통해서 다른 산업 분야로 확장했기 때문입니다. 또 동일 산업 분야라 하여도, 과거 고객사와 완전 일치하는 기술이 아니라면 컨설팅을 진행하고 있습니다.

조금 독특한 시장 세분화 예시를 보겠습니다.
저희 고객사 중 경남 창원에 위치한 중견 기업은 국내 고객사가 딱 3곳입니다. 그중에서 한 곳의 매출이 전체 매출의 60%를 차지합니다. 이렇게 불균형적인 관계에서는 고객사에 납품사가 끌려다니기 쉽지만, 해당 기업은 기술력이 높아 끌려다니지는 않는 기업입니다.
독특한 매출 구조로 인해서 고객사를 새로이 발굴하기 어려운 그런 경우라 할 수 있겠습니다.

이 기업이 보유한 기술 중 하나는 다수의 CCTV를 통해 수집되는 영상 정보를 하나로 합쳐서 대형 영상으로 만드는 기술 그리고 영상에서 목표물을 추적하는 기술까지 확보하고 있습니다. 하지만 또 이런 기술을 다른 회사에 판매하기가 매우 곤란한 그런 상황입니다.

이때 적용되는 것은 같은 회사의 하위 조직에 하나씩 기술을 소개하는 것입니다. 영상 관련 기술이기에 이 기술이 적용되는 것은 제품을 만드는 생산 공정(생산팀, 생산기술팀)에도 사용 가능하고 외부 침입자를 적발하는 곳(환경팀, 경비팀)에도 적용 가능하고, 고객사의 고객(End user)에 판매되는 제품에 이 기술을 적용해도 됩니다. 그러려면 R&D팀이 해당될 것 같습니다. 계열사도 아닌 같은 회사의 다른 부서임에도 불구하고 이렇게 구분되는 것은 고객사는 전국에 공장을 가지고 있고 같은 회사의 같은 부서라 할지라도 서로 간에 왕래가 없으면 기술을 접하는 담당자들만 용처와 사용법을 알고 있습니다. 이런 경우에는 같은 기업이라 하더라도 우리의 목표 시장을 구분해서 분석 가능합니다.

이제 조금, 고객 세분화에 대한 방법이 정리되셨는지요? 그렇다면 이제 컴퓨터 화면에서 나와서 A4 용지를 가로로 펼친 후 제 나름대로의 기준으로 고객 세분화를 진행해 보겠습니다. 순서는 다음과 같습니다.

작성 → 검토 → 수정 → 작성 → 검토, 수정 → 완성 → 실행 → 수정

위 방식은 계속해서 검토하고 수정하고를 반복하는 Frame work입니다. 왜 이렇게 계속 검토하고 변경을 해야 하냐면, 원래 마케팅 전략 지침서는 시장 상황에 맞게 적절하게 변경되는 것이기 때문입니다. 원래 바뀌는 것이 정상입니다. 처음부터 완벽한 보고서라면, 시

장에서 성공 못 할 이유가 없기 때문입니다. 그리고 A4 용지를 가로로 두고 연필이나 볼펜으로 그려 가면서 수립하라고 말씀드린 것은, 사람의 머리가 고개를 숙였을 때하고 고개를 들었을 때하고 사고방식이 조금 다르기 때문입니다. 또 자판과 마우스를 이용하여 그리는 것하고 연필과 볼펜으로 손가락뿐만 아니라 손목 근육을 사용하는 것 역시 사고의 흐름이 다릅니다. 이미 컴퓨터 화면과 자판 그리고 마우스에 익숙하실수록, 서류를 직접 손으로 만들면서 사고를 확장하시는 것을 추천드립니다.

B to B STP 전략
- Targeting (목표 시장 설정)

　타기팅은 세그멘테이션과 같이 진행되기도 하며 시차 없이 거의 동시에 진행됩니다. 본 장에서는 앞선 세그멘테이션부터 읽으시고 아래 내용을 읽으셔야 이해가 빠릅니다.

　고객을 세분화한 이후 세분화된 고객군에서 1순위, 2순위, 3순위 등 내부적인 순위에 의한 고객군을 구분하고 순서대로 고객층을 공략하는 것이 바람직합니다. 하지만 B to B에서는 어떠한 방법으로 고객층을 특정하고 순서를 정하는지 그 방법론에 대해 좀처럼 나와 있지 않아서 많은 어려움을 겪고 있습니다. 다음의 논거는 제 개인적인 경험에 의한 것이지 어떠한 학술적 검토가 되지 않았음을 먼저 말씀드리면서 목표 시장을 선정하는 방법에 대해 말씀드리겠습니다.

가장 먼저 현실적으로 진출 가능한 시장을 1순위로 특정합니다. 큰 시장, 멋있는 시장, 성장 가능성이 높은 시장 다 좋습니다. 하지만 현실적으로 우리가 접근하지 못하면 어떻게 될까요? 당연한 것입니다. 접근 가능한 시장을 1순위로 설정하고, 확장 예정인 시장을 2순위 그리고 앞으로 진출하고 싶은 특히 진출 가능한 시장을 3순위로 놓습니다.

매출액이 10억이 안 되는 기업은 매출액 1,000억대 기업에 납품하기 매우 어렵습니다. 간혹 그런 사례를 이야기하는 경우가 있는데 그것은 그게 가능했던 화자의 자랑이지 일반적인 우리는 납품 못 합니다.

· 휴리스틱 방법

대표자의 직관입니다. 소규모 기업일수록 이러한 방법이 가장 효과적일 수 있습니다. 대표자의 직관이라 하면, 대표자의 의지가 반영된 순서라고 할 수 있습니다. 대표자의 다년간 경험과 노하우 그리고 현재 고객사의 상황 등 전반적인 상황을 고려하고 취득한 정보에 의해 우선순위가 정해지게 됩니다.

· 기술 중심 접근법

현재 주력으로 보유하고 있는 기술 중심적 관점에서의 목표 시장입니다. 당장 판매 가능한 시장이 있고, 개발 이후 판매가 가능한 시장이 있으며 또 개발과 동시 조건에 맞추어 접근 가능한 시장도 있습니다. 이렇듯 우리 기술이 현재 적용이 가능한지 미래 적용이 가능한지에 따라 접근 우선순위가 달라질 수도 있습니다.

• 절대적인 시장 규모에 의한 접근법

현재 가장 많은 규모의 고객사들이 있는 시장을 이야기합니다. 우리가 시장을 특정하기 앞서서 당연하겠지만 안정적인 재무적 성과를 목표로 합니다. 그럼 상대적으로 후발 주자일 수도 있는 우리는 경쟁사의 시장 점유율을 가져와야 하는데 그러한 과정에서 시장의 절대적인 크기가 작다면 우리가 차지할 시장 자체가 작기 때문에 절대적으로 큰 규모의 시장을 선택하는 것이 바람직합니다. 하지만 반대로 시장 자체 규모는 그렇게 크지 않지만 선택하는 경우도 있습니다. 이런 경우 우리의 제품이나 서비스가 기존 시장에 들어가서 우월한 기술적, 사용자 편의를 제공하게 된다면 쉽게 시장을 지배할 수 있습니다.

이러한 것이 가능한 이유는, 새로운 제품이나 서비스가 나타날 때 기존 시장에서 미처 대처하지 못한다면 자연스럽게 우리의 제품 또는 서비스가 시장을 지배하게 됩니다. 예를 들어 글을 쓰는 시점에서 AI나 자동화 서비스가 폭발적으로 늘어 가고 있지만 이러한 서비스는 주로 젊은 사람들을 중심으로 진행됩니다. 안타깝게도 60대가 넘으신 분들은 새로운 기술에 익숙하지 않기 때문입니다. 이때 60대 이상의 분들을 대상으로 사용하기 매우 편리한 제품이나 서비스를 공급하게 된다면 쉽게 시장에 진입할 수 있습니다.

· **성장 가능성**

성장 가능성 기준은 중의적 의미로 넣었습니다. 보통 성장성을 이야기할 때에는 앞으로 해당 시장의 전체 성장률이 몇%이냐를 따집니다. 6% 이상 성장을 보여 준다면 좋은 시장으로 판단해도 좋습니다. 다른 의미로는 우리 기업의 성장 가능성입니다. 전체적인 시장 성장률은 낮더라도 해당 시장에서 우리의 성장률이 높게 나올 수 있다면 당연히 선택해야 하는 시장입니다.

이렇듯 세분화된 시장을 기준으로 ① 당면해서 진출할 시장, ② 향후 진출해야 하는 시장, ③ 진출하고 싶은 시장 등 시장 진입 우선순위를 결정하시는 것이 좋습니다.

시장 세분화 이후 목표 시장을 선정할 때에는 초기 진출 시장을 결정하는 것이기에 많은 부분에서 세심함이 필요합니다. 제가 추천하는 방법은 정밀한 시장 세분화를 통해 시장 간 장단점 비교 후 의사 결정권자에 의한 선택을 선호합니다.

아무리 잘된 계획서라 할지라도, 의사 결정권자에 의해 변화하기 쉽습니다. 만약 의사 결정권자에 물어보기 어렵다면, 은연중이라도 목표 시장을 선택하십시오.

B to B STP 전략
- Positioning

STP 전략 도출에 마지막 Positioning입니다. 우리말로는 위치 선정이라고도 합니다.

위치 선정이란, 위치 선점과 비슷하게 생각하셔도 좋습니다. 이유는 초기 진입 시 위치 또는 현재 위치에서 목표로 하는 위치로 이동하고자 하는 전략이기에 해당 위치를 고수하는 것이 위치 선점이라 할 수 있기 때문입니다.

위치를 선정하는 것은 위치 선정 기준에 따라 달라집니다. 위치 선정 기준을 먼저 생각하면 다음과 같습니다.

가격, 점유율, 성능, 브랜드 인지도 등이 있으며 대표적으로는 가격과 성능을 기준으로 하고 있습니다.

가격, 성능을 기준으로 하면 다음 예시를 보겠습니다.

먼저, 해당 시장 내 기업을 특정합니다. 이 기업들은 우리의 경쟁사입니다.

경쟁사를 복수(3개 이상)로 선정하셨으면, 각 기업에 대한 가격과 성능을 조사합니다.

조사 후 이를 수치화하여 표현합니다.

경쟁 기업	가격	성능	합계
A 기업	3	3	6
B 기업	4	2	6
C 기업	2	3	5
D 기업	5	4	9
E 기업	3	5	8
우리 기업	5	3	8

여기에서 가격 점수와 성능 점수는 1~5점이며 5점이 고득점입니다. 그리고 점수를 부여하는 방법은 조사자의 직관적인 방법에 의해 결정됩니다.

이를 시각화하기 앞서서 우리는 8점인데 E 기업은 우리의 직접적인 경쟁 상대일까요? E 기업은 성능이 우수해서 우리보다는 좀 더 좋습니다. 하지만 가격은 3점으로 우리보다 점수가 낮습니다. 만약 이 기업이 가격을 낮춰 5점에 가까워진다면 우리와 직접 경쟁에 있겠지만 아직은 경쟁이라 하기 어렵고 오히려 합계 점수가 2점 낮은 B 기업이 우리 경쟁 기업이라 할 수 있습니다. 또는 1점 높은 D 기업이 될 수도 있습니다. 이를 시각화하면 다음과 같습니다.

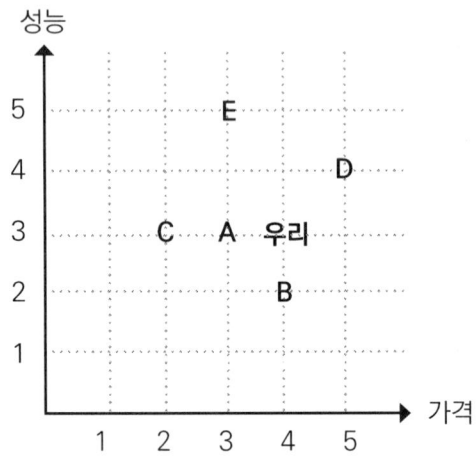

굳이 데이터를 정밀하게 분석할 필요 없이 우리의 경쟁 기업은 A와 B입니다. 앞서서 B, D가 우리 경쟁 기업일 것이라 말씀드렸지만, 그래프로 시각화를 해 보니 A와 B가 직접적인 경쟁 기업입니다.

그럼 우리는 어디로 가야 할까요? 현재 위치를 고수해야 할까요? 아니면 가장 바람직한 5, 5 위치로 가야 하나요? 아니면 경쟁이 없는 1, 1은 어떨까요? 두 가지 모두 보겠습니다.

· 먼저 하위 전략

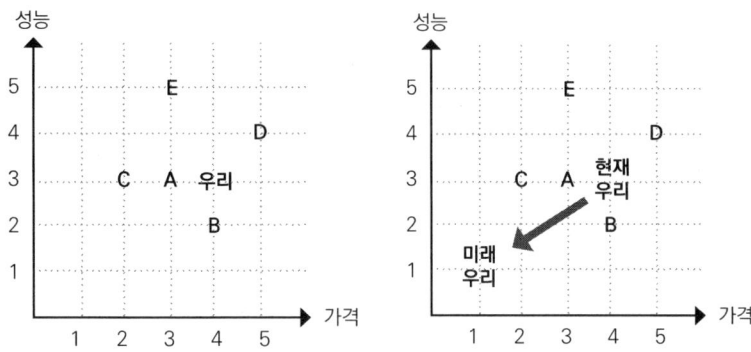

현재 우리 위치에서의 치열한 경쟁을 피하기 위한 방법 중 하위 전략 방법에 대해 고민을 해 보겠습니다. 미래 우리 위치는 가격과 성능 1, 1 스코어로 최저 가격과 최저 품질 제품입니다.

물론 최저 품질 제품은 시장 내에서 긍정적인 평가를 받지 못합니다. 심지어 우리 경쟁 상대가 아닌 그리고 우리의 현재 품질보다 못한 C 기업보다 시장 내 평가가 더 안 좋을 가능성이 매우 높습니다. 그럼, 이렇게 경쟁 시장 내 최하위 품질 수준과 최하위 가격으로 내려가는 것이(Positioning) 과연 기업에 도움이 될까? 고민해 봅니다. 쉽게 생각하면, 하면 안 됩니다. 우리는 지금껏 이룩한 중고가 이미지가 없어지고 싸구려 제품으로 변하니까 말이죠(5점에서 1점으로). 하지만, 시장 규모를 제대로 파악했을까요? '시장 규모를 제대로 파악했다'라고 가정하고 말씀드리면, 치열한 경쟁이 보이는 A, B, 우리가 포지셔닝한 시장보다 시장 규모도 크고 아무런 경쟁이 없는 위치로 이동하면서 매출액 그리고 시장 점유율이 올라가지 않을까요? 왜냐면 경쟁자가 거의 없으니까 말이죠. 아래 예시를 보겠습니다.

> **신제품을 개발하지 않고 현재 시장에서 하위 시장으로 이동하는 경우**
> 당연하게도 하위 시장에 경쟁자가 없으니 하위 시장에서 최대 점유율 확보가 가능합니다. 그리고 회사의 기본 욕구는 이윤 창출이지, 어설픈 자존심이 아닙니다.
>
> 글로벌 노트북 제조사인 '레노버'의 경우 같은 시장 내 경쟁사인 LG/삼성/VAIO/HP/에이서 등과 브랜드, 생산 단가 경쟁에서 밀려 그리고 노트북 시장 전체의 축소로 시장이 작아지자 저품질 시장으로 진입했습니다. 이후 저품질 시장에서 시장 점유율을 확보하여 지속 판매가 가능하게 만든 이후(Cash Cow 확보) 다시 고품질 노트북 시장으로 올라와서 현재 전 세계 시장의 약 25%로 최대 노트북 제조 기업이 되었습니다.

· **상위 전략**

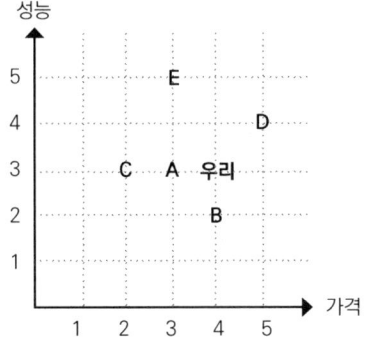 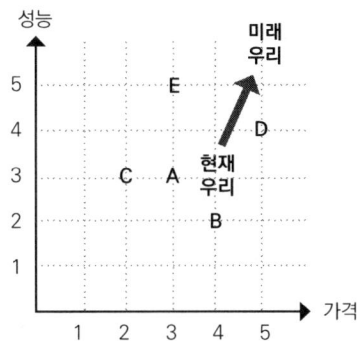

현재 우리 위치에서 최상위 집단으로 이동하는 경우도 있습니다. 보통 중소기업에서 신제품을 출시하면서 시장 내 브랜드 홍보와 빠른 회수율을 위해서 가격을 올리는 경우가 빈번합니다.

이러한 방법을 사용하시면서 조심해야 할 것은 브랜드가 구축되지 않은 상태에서 초고가 정책을 펴게 되면, 소비자층 중 조기 수용자(얼리 어답터) 고객층보다 더 선도적인 선도자(이노베이터) 그룹 이외에는 매출 발생이 어렵습니다. 만약 해당 시장이 절대적으로 크고 지속적으로 성장 가능한 것이 명확하다면 이 전략도 나쁘지는 않습니다.

위 예시는 Positioning 전략에 이해를 돕기 위해 B to C에서의 Positioning 방법을 중심으로 설명드렸습니다. B to B에서는 의사결정 단계가 복잡하기 때문에 가격과 성능 이 두 축을 중심으로 위치를 결정하게 된다면 성능은 최상위, 가격은 최하위가 되어야만 담당자들이 우리 제품 자신들의 정보 탐색 안에 넣어 둡니다. 이른바 '고려상표군'이 될 수 있습니다. 그렇기에 고객사의 정보를 많이 수집한 이후 결정하시는 것이 가장 바람직합니다.

다음 예시로 브랜드 인지도와 성능으로 진출하는 방법에 대해서 알아보겠습니다.

가장 대표적인 예시가 계측기 시장에서 일본의 '키엔스 社'와 전자저울로 유명한 국내 'CAS 社'를 기준으로 말씀드려 보겠습니다. 더불어 본 예시는 학술적 가치가 부족하기 때문에 케이스 스터디 차원임을 말씀드립니다.

월드와이드하게 계측기로 유명한 기업이 많이 있습니다. 그중 일본의 키엔스 기업은 아시아 지역의 절대적인 강자입니다. 또한 미주 지역에서도 매우 강합니다. 아시아 지역에서 강하기 때문에 한국에서도 매우 강합니다. 계측기 부분에서 가장 높은 수준의 브랜드 가치가 있는 기업입니다. 한국 기업인 CAS는 키엔스에 비하면 시장 점유율이 매우 낮습니다. 이렇듯 국내 계측기 시장은 일본 기업이 사실상 독점했다고 해도 과언이 아닙니다. 하지만 국내 기업인 CAS 사 제품의 품질은 전 세계 최고 수준으로 높습니다. 이러한 성능 우수성에도 불구하고 브랜드 인지도가 높게 반영되어 키엔스 사가 높은 시장 점유율을 보여 주고 있습니다.

도전자인 CAS는 이미 충분한 브랜드 인지도도 확보하고(비록 B to C 시장이지만) 브랜드를 중심으로 고품질 고성능 시장에 진출했습니다. 초기 진출 시 브랜드 이미지가 있다 하더라도 경쟁이 덜 치열한 중저가 시장에 진출해서 중국 제품보다 우수하고 일본 제품보다 다소 떨어지는 시장에 진입하는 것이 바람직하지만, 최고 수준의 제품으로 진출하였습니다. 물론 이러한 결정에는 매우 높은 수준의 엔지니어링이 있기에 가능한 부분입니다. 글을 작성하는 현재 아직도 키엔스가 점유율은 더 높지만, 가격과 사후 관리 부분에서 유통업체가 있는 일본 회사와 국내 A/S 전담 요원이 전국을 돌아다니는 CAS와 비교하면 성능이 동등 또는 약간 부족하더라도 브랜드 인지도로 인해서 선택하게 됩니다. 다시 한번 말하자면 성능적 차이는 없습니다. 키엔스가 시장에서 독주하는 것은 당연히 브랜드 인지도이기 때문에 이를 회피해서 다른 시장으로 가야 하지만 CAS 사는 같은 경쟁 시장에서 경쟁하며 시장 점유율을 늘려 가고 있습니다. 앞선 예시에서 제언드린 것과는 다르게 경쟁 시장을 피하지 않고 직접 경쟁에 뛰어든 결과로 CAS 사는 매우 선방하고 있는 기업입니다.

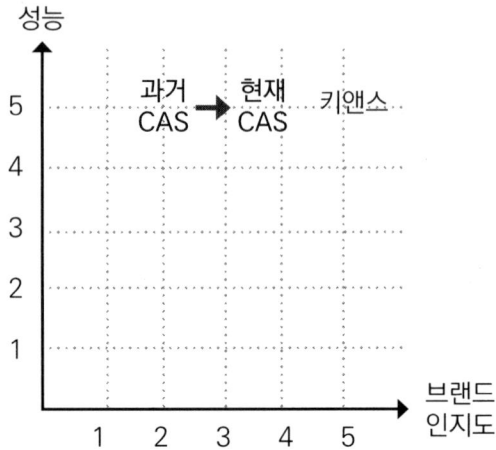

이렇듯 초기 시장 진입 시 해당 시장 내 위치를 선정하는 것은 향후 기업의 확장성까지 고려하여 다양한 옵션을 두고 결정해야 합니다.

B to B 4P
- Product

    4P 전략을 계획하면서 당연한 조건이기에 쉽게 넘어가는 Product 전략 즉 제품 전략입니다.

    비즈니스의 특성상 고객사가 원하는 제품 사양은 충족을 해야 합니다. 그리고 충족을 해야 하는 우리 제품이나 서비스는 후속 관리를 포함하여 고객 편익을 역시 최대한 충족해야 합니다. 이런 당연한 이야기지만 의외로 그러지 못한 기업들이 많습니다. 그래서 우리 제품이나 서비스를 냉정하게 바라보시면서, 우리 제품이나 서비스가 경쟁사와 비교하여 약간의 열위가 있다면 그리고 가격이 경쟁사와 크게 차이가 없다면. 제품이나 서비스가 제공하는 순수한 의미의 성능을 고민해 보셔야 합니다. 그렇기에 제품에 대한 특별한 전략이나 작전이 따로 필요하지 않습니다. 무조건 요건 충족입니다. 특히 B to B 비즈니스에서는 말이죠.

그렇기에 본 장에서는 제품 개발 방법에 대한 Product 전략에 대해 알아보겠습니다.

우리가 고객사에 제품을 납품할 때, 현장에서 바로 듣는 요구 사항 대부분은 제품에 대한 서비스 부분입니다. 이러한 현장에서 요구되는 서비스는 제품의 치명적 문제가 아닌 경우 편익에 해당되는 부분으로 우리는 현장 요구를 다 충족시킬 필요는 없습니다. 우리가 판매하는 것이 제품이 아닌 서비스라 하여도, 서비스를 제공하는 현장에서 고객사로부터 즉각적인 서비스에 대해 이야기를 듣습니다. 역시, 모두 다 충족시킬 필요는 없습니다. 왜냐하면 현장의 목소리도 매우 중요하지만, 그 전에 우리는 계약에 의해서 충분히 협의되고 검수가 된 제품이나 서비스를 제공하기 때문이죠.

제가 이렇게 주장하는 근거로는, 고객사 입장에서 납품처에 제품을 요구하기 앞서서 고객사 내부적으로 해당 프로젝트 관련 담당들과 충분한 협의를 하고 결정을 합니다. 그러한 결과물은 제품 사양이 되고 후속 지원 프로그램이 돼서 견적서로 요구를 합니다. 그렇기에 우리가 납품한다는 의미는 이미 고객사의 요구 사항을 충분히 수용하였다는 이야기이므로 현장의 요구 사항은 적절하고 적당하게 우리의 실리를 확인하면서 슬기롭게 대처합니다.

고객사와 납품 관계가 형성되었다는 것은 다음에도 또 납품을 할 수 있는 관계가 형성되었다는 이야기입니다. 다른 장에서 말씀드린 것처럼 우리는 한번 납품 계약을 맺으면 좀처럼 쉽게 계약 관계가 단절되지 않습니다. 그리고 또 우리가 보유한 다른 제품이나 서비스를 추가로 제안을 할 수 있습니다.

우리가 신제품을 개발하고 기존 제품을 개량하면서 항상 강조하는 것은 고객사의 입장에서 고객의 요구 사항을 잘 청취하여 이를 반영하는 것입니다. 하지만 우리는 매우 종종 이러한 관계를 놓치고, 고객사의 말단에서 최고 경영자까지 전방위 서비스를 제공하지 않습니다.

고객사 내부적인 것을 생각해 보아도, 고객사 내부적으로 어떠한 불편이나 불만은 곧 고객의 니즈로 연결되고 고객사는 이러한 니즈를 외부로부터 구입하게 되는데 이러한 과정에서 의사 결정을 하는 것은 고객사의 결정권자 또는 결정권자로부터 위임받은 실무자(구매부)가 될 수 있고 또는 현장의 담당자가 될 수도 있습니다. 그럼 한 번쯤 고민해야 하는 것은 분명 위에서는 대충 넘어가라고 하고 지금은 잘 들으라고 합니다. 다시 주제로 돌아가서, 우리가 이미 납품 실적을 확보하고 있는 상태에서 고객사가 우리에게 다른 제품 납품에 대해 '고객사 결정권자, 실무자, 발주자' 등 발주와 관련된 직접 관련 있는 임직원으로부터 받게 되면, 상당 부분 늦은 것이라 판단하면 좋습니다. 보통 대비 견적(이미 납품처가 정해진 또는 기존 납품처 가격 협상용)을 위해 사용되는 경우가 많습니다. 왜냐면 이러한 견적 의뢰 과정에서 앞서서 납품한 것과 다른 제품을 사양 협의 없이 견적을 요구한다면, 실제 이게 납품으로 연결되기는 매우 어렵기 때문입니다.

그럼 고객사가 진짜 원하는 제품은 무엇이며 우리는 무엇을 개발해야 할까요? 정답은 의외로 단순합니다. 하지만 이 단순함을 우리가 잘하지 못하는 게 문제인 것입니다. 맨 앞에 이야기했던 내용인 정답은 바로 '잘 듣기'입니다. 여기서 잘 듣기란, 고객사가 요구하는 모든 사항을 전부 충족하자는 이야기가 아닙니다. 적절하게 적당하게 잘 듣자는 이야기입니다.

엔지니어분과 같이 주로 무언가를 개발하시는 분들 입장에서는 다소 거부감이 드는 이야기로 여겨지는데, 우리는 매우 종종 빈번하게, 완벽을 추구합니다. 제품이나 서비스를 설계하고 제작하면서 원래 성능의 100%를 넘어서 120%, 130% 성능을 구현하게 만들고자 합니다. 물론 이러한 방향성은 매우 바람직합니다. 하지만, 고객사가 원하는 것은 우리의 계획보다 성능이 다소 부족해도 좋습니다. 구체적으로 저의 이러한 주장은 디자인 제품 설계를 하는 기법 중 하나인 요구 사항 청취입니다.

고객사의 요구 사항을 듣다 보면 무조건 좋은 거 무조건 싼 거를 해 달라고 합니다. 자신들이 무엇을 원하는지 구체적이지도 않습니다. 우리는 이런 상황이라도 고객사의 요구 사항을 모두 듣고 모두 받아들여서 하나씩 하나씩 고객사와 검토를 해야 합니다. 그러한 과정에서 일부 기능들은 축소될 것이고 어떤 기능들은 심지어 제외해도 좋을 것입니다. 반면 어떤 기능들은 고객사가 요구하는 수준보다 더 높은 수준의 내구성과 성능을 보여 줘야 하는 경우도 생길 수 있습니다. 즉 고객사가 요구하는 사항을 전부 받아들일 것이 아니라, 하나하나 검토하다 보면 정말 중요한 부분과 적당히 넘어가도 되는 부분에 대해 선별이 가능하고 이러한 선별 과정에서 고객사가 놓친 부분을 보완할 수도 있으며 때에 따라선 가격 인하 조건을 우리가 먼저 제안하는 상황이 올 수도 있습니다. 우리는 이러한 과정을 '수렴'이라는 표현을 쓸 수 있습니다.

이러한 고객사의 요구 사항을 수렴하면서 우리는 우리 제품에 대한 개발 방향성을 만들 수 있으며 심지어, 고객사의 요구 사항을 수렴하는 것 자체만으로도 우리 제품은 우수하다는 평가를 받을 수 있습니다. 이러한 과정에서 매우 빠르게 프로토타입을 제시하고 고객사와 협의를 해서 프로토타입을 고도화하는 것이 제품 개발에 매우 도움이 됩니다. 우리는 이러한 일련의 과정을 다른 말로 '디자인씽킹'이라고도 합니다.

고객사는 생각보다 현명하지 못합니다. 그들은 그들이 필요로 하는 목적은 가지고 있지만 그것이 무엇인지 구체적이지 않은 경우도 많이 있습니다. 그럼에도 불구하고 우리는 신제품을 개발하고 만들어야 합니다. 우리가 제품을 개발하는 것은 바로 현명하지 못한 고객으로부터 그들이 스스로 현명하게 느끼게 만들어 주는 것부터 시작합니다. 즉 의견 듣기입니다. 의견 듣기부터 시작되는 개발 프로세스는 다음과 같습니다.

공감하기 → 정의하기 → 아이디어 도출 → 프로토 타입 → 테스트

공감하기

공감하기는 사용자들과 이야기를 통해 그들의 애로 사항을 청취하는 것입니다. 그러면서 공감대를 형성하면 그들이 진짜 필요로 하는 것을 찾을 수 있습니다.

정의하기

공감에서 취득한 정보를 기준으로 구현하고자 하는 기능이나 서비스에 대해 정하는 것입니다.

아이디어 도출

정의하기에서 나온 기능이나 서비스를 기준으로 공감하기에서 취득한 정보 기반 실행 가능한 요소 기능을 결정하게 됩니다. 이때 정의하기에서 정해진 기능은 구현되지 못할 수도 있습니다.

프로토타입

아이디어에서 나온 제품을 프로토타입으로 만드는 과정입니다. 이때 프로토타입은 완성에 가까운 수준이 아닌 '스케치' 또는 투박하지만 형태가 나온 제품일 수도 있습니다.

테스트

프로토타입을 기준으로 공감하기에 참여했던 사람들을 대상으로 테스트를 진행하며 개선 사항을 듣습니다. 이러한 과정은 반복됩니다.

이 모델을 B to B 프로세스에 접목해서 생각해 보겠습니다.

공감하기

고객사의 니즈를 확인하는 것입니다. 우리 제품이나 서비스의 문제점을 듣는 과정이기도 하며, 새로운 제품에 대한 요구 사항일 수도 있습니다. 때로는 이러한 공감하기는 고객사가 스쳐 지나가듯 이야기를 할 수도 있습니다. 그래서 우리는 고객사의 담당자와 매우 면밀하게 그리고 수시로 이야기를 해야 합니다. 그것이 신변잡기라 할지라도요.

정의하기

고객사의 많은 요구 사항 등을 구두상 들었을 가능성이 높습니다. 만약 이러한 고객사의 요구 사항들이 문서화되었다면 아마도 그것은 공식적인 '개발 제안서'가 될 가능성이 높기 때문에 고객사 입장에서도 문서화하는 것은 매우 곤란한 일입니다. 우리는 그럼 이러한 구두상 나온 정보를 기준으로 고객사의 니즈를 정의해야 하는데 니즈를 정의하는 방법은 고객사로부터 나온 요구 사항을 하나의 단어나 문장으로 정리한 다음, 같은 분야나 유사한 것은 묶고 전혀 다른 것은 분리하여 목록화하는 것입니다. 이러한 기법은 KJ 기법, 친화도법 등으로 불리며 이러한 방법을 통해 정리하는 것입니다. 정리된 목록을 기준으로 고객사와 다시 한번 이야기를 하는 것이 다음 순서입니다. 우리는 이러한 두 번째, 세 번째 미팅을 통해 고객사가 주로 원하는 기능이나 제품에 대해 우선순위를 정할 수 있습니다.

아이디어 도출

이렇게 나온 우선순위를 통해 우리가 가능한 부분 그리고 우리가 외부의 도움으로 가능한 부분을 구분해 나가면서 아이디어를 도출해 냅니다. 아이디어를 도출하는 것은 기본적으로 고객사의 요구 사항입니다. 하지만 고객사의 요구 사항의 우선순위만 정해졌지 고객사가 진정으로 원하는 것이 무엇인지는 고객사도 잘 모릅니다. 그래서 우리는 정해진 순위에 의해서 아이디어를 하나씩 도출합니다. 해당 아이디어를 도출할 때 아이디어는 반드시 구체화 가능한 부분으로 되어야 합니다. 주의해야 하는 것은 실현 가능한 아이디어들을 정하면서 대략적인 투자 비용과 투자 회수율을 결정해야 합니다. 이러한 과정에서 만약 우리 힘이 아닌 외부에 100% 의지해서 구현되는 제품이나 서비스는 당연하게도 개발 비용과 관리 비용이 높게 나타납니다. 왜냐하면 외부 개발 제품이나 서비스에 우리의 마진이 붙어야 하기 때문입니다. 반대로 우리 100% 가능한 제품은 다른 경쟁사와 비교해서 원가에서 우위를 점할 수 있습니다. 이렇게 도출된 모든 아이디어에 대략적인 투자 비용과 투자 회수율을 정해 놓는 것입니다.

역시 이러한 과정에서 고객사와의 상담은 필수입니다. 우리가 실현 불가능한 제품은 고객사가 발주 자체를 하지도 않습니다만, 이러한 과정을 통해서 고객사의 참여를 유도하는 것이고 고객사의 참여가 일부 진행되면 고객사는 우리의 제품이나 서비스에 더 많은 관심을 기울입니다.

프로토타입

도출된 아이디어의 우선순위에 따라 프로토타입을 만듭니다. 이 과정에서 대부분의 아이디어는 사라지고 고객사와 일정 부분 이야기된(비록 구두지만) 최종 선정된 아이디어를 중심으로 프로토타입을 제작합니다. 프로토타입을 제작할 때 중요한 것은 시간입니다. 우리가 프로토타입을 만들 때에도 완성도를 중요하게 생각하는데 프로토타입은 절대 제품화될 수 없습니다. 어떤 개발자들은 프로토타입의 완성도를 중요하게 생각해서 고객사에게 최대한 완성에 가까운 제품을 소개하려는 경향이 높은데, 이것은 자신의 지식이나 능력을 뽐내는 것이지 고객사를 설득하는 과정이 아닙니다. 프로토타입은 조악해도 되며 상황에 따라 그래픽 디자인 수준이어도 좋습니다. 프로토타입을 통해 우리와 고객사는 상상하던 제품이나 서비스를 눈으로 보고 느낄 수 있습니다. 그리고 추가적인 아이디어나 테스트 방법 등 다양하게 의견이 나옵니다.

테스트

마지막 테스트는 프로토타입에 대한 테스트가 반복되는 것입니다. 물론 완벽하지 못한 제품이기에 당연히 추가적인 아이디어가 나오게 되고 또 그 아이디어가 반영이 된 프로토타입이 나오게 되면서 해당 아이디어가 사라지기도 하고 더 좋은 아이디어가 나오기도 합니다. 이러한 과정에서 제품은 프로토타입에서 양산 제품에 가까워지고 최종 고객의 승인이 나오면 그 승인은 '발주서'일 것입니다.

이러한 방법론을 디자인씽킹이라 하고 디자인씽킹의 핵심은 빠른 프로토 타이핑과 프로토타입을 활용한 고객과의 소통입니다. 프로토타입은 때에 따라서는 스케치 수준이 될 수도 있고 또는 간신히 형상만 구현된 수준이어도 좋습니다. 고객과의 협의에서 무언가를 보면서 이야기하는 것하고 안 보고 이야기하는 것하고는 천지 차이입니다.

디자인씽킹 기법을 B to B 프로세스에 녹여 내는 방법을 중심으로 설명드렸습니다. 물론 디자인씽킹은 위의 열거한 방법이 매우 구체적으로 진행되기 때문에 어려운 부분입니다. 하지만 간략하게라도 디자인씽킹 기법에 대해 이해를 하신다면, 향후 귀사의 신제품 개발은 귀사의 고객사에 100% 만족하는 제품일 가능성이 높습니다.

B to B 4P
- Price

    B to B 전략 중 고객사의 관점에서 접근해야 하는 4P 그중에서 Price 가격을 이야기하겠습니다.

    B to B 분야에서 제품 가격을 정할 때 납품처의 의지대로 되는 경우는 찾기 어렵습니다. 가장 큰 이유가, 고객사에서 1회 발주 시 발주 물량 자체가 B to C와 비교가 안 되며 주로 주문자 방식이 대부분이기 때문입니다. 즉 고객사에서 가격을 결정하는 경우가 많습니다. 특히 대기업 및 정부 조달 사업의 경우 가격이 이미 결정된 경우가 매우 많습니다. 그렇기에 가격 결정은 납품처 임의로 결정하는 것이 아닙니다. 이렇게 고객사 즉, 수요처에서 가격을 확정하여 일방적으로 내려오는 경우를 제외하고 또 고객사와 일정 부분 협상이 가능한 경우

그리고 우리가 최초 가격 결정을 해야 할 때 사용하는 전략 방향성에 대해서 말씀드립니다.

제품 가격에 영향을 주는 요소들은 크게 많지 않습니다.

요소	설명
내부 기준	기업 내부적인 상황에 따른 결정
고객사 기준	고객사에서 지정하는 금액으로 결정
원가 중심	소요되는 재료비 및 인건비를 중심으로 이윤을 붙여 결정
경쟁 기업	경쟁사의 가격 정보를 기준으로 결정

· Top down 방식 / 내부 기준

내부적인 Top down 방식은 대표님을 포함한 임원진이 결정하는 금액입니다. 실무자는 확인이 어려운 어떤 프로세스로 인해서 결정된 금액입니다. 특히 조직의 규모가 작을수록 내부 커뮤니케이션 부재로 인해서 결정권자의 임의 결정(실무자가 확인하기 어려운 결정)으로 가격이 결정되는 경우를 말씀드립니다.

내부의 결정권자는 영업 인력이면서 개발 인력이고 그리고 해당 프로젝트의 가장 핵심적인 인력입니다. 그렇기에 많은 정보를 가지고 있고 이러한 정보가 외부에 흘러 나가면 기업의 성공에 영향을 줄 수 있어 도외시하는 경우가 많이 있습니다. 또 일부 손해가 나더라도 결정권자의 영업 정보에 의해 결정되는 경우도 매우 많습니다. 이렇듯 기업 내부적인 기준에 의해 가격이 결정됩니다.

• Top down 방식 / 고객사 기준

매우 빈번하게 고객사가 가격을 정해서 납품을 요청하는 경우입니다. 규칙적인 거래가 있는 경우 더욱 빈번하게 발생되어, 내부 수익률 계산을 잘 하게 되면 재무적 손실을 최소화할 수 있습니다. 또 고객사와 장기간 거래가 가능하게 됩니다. 반대로 갑자기 발생한 일회성 계약이라 하더라도 이미 고객사는 다양한 정보로 인해서 결정한 금액이기에 내려오는 경우가 많이 있습니다. 이러한 케이스가 아닌 경우는 크게 고려 대상이 아니므로 영업적 상황을 고려하여 가격을 결정하면 되겠습니다. 이러한 예외적 상황을 제외하고 이러한 Top down 방식은 주로 대기업 및 정부와 같이 내부 조달 시스템이 있는 경우에 해당되며 내부 조달 시스템을 통한 방법이 있습니다.

• 원가 중심 기준

가장 용이하면서 세부적으로 확인하면 어려운 방법이 원가 방법입니다. 우리가 들어가는 원가를 계산한 이후 적절한 마진을 붙여서 가격을 결정하는 것입니다. 그리고 이 마진은 납품처의 결정권자가 결정하게 되는 경우가 많이 있습니다.

원가계산에 적용되는 주요 요소로는 아래와 같습니다.

요소	설명
재료비	제품을 만들기 위한 재료비입니다. 또는 서비스 구축 비용이 되겠습니다.
제작비	재료를 수급해서 제작하는 비용입니다. 이때 외주에서 제작하여 납품하는 부분도 제작비에 들어가는 것이 바람직합니다.
제작 장비 비용	물건을 제작할 때 사용되는 장비에 대한 비용으로 보통 감가상각비를 말합니다.
조립비/ 인건비	제품이나 서비스를 만들면서 발생하는 인건비입니다. 직접 인건비와 간접 인건비(지원 부서)가 있습니다.
이자 비용	물건이나 서비스를 제작하면서 소요되는 비용에 대한 이자 비용이며 통상 전체 비용의 3% 내외로 계산하시면 좋습니다.
관리 비용	고객사에 납품하기까지 과정에서 들어가는 전기세, 사무실 임대료, 기타 사용료 등 간접 관리비이며 전체 비용의 10%를 넘지 않아야 하며 기업에 따라 내부 규정으로 0%~10%로 산정합니다.

이렇게 정리된 비용에 기업의 적정 이윤을 적용하여 가격을 결정하는 방법이며 고객사를 설득하기에 적합한 방법입니다.

원가계산 방법은 정부에서 일정 부분 지침을 내려 주었습니다.

> 1. **제조 원가**(재료비, 노무비, 경비) + 2. **재료비**(재료량*단위당 가격) + 3. **노무비**(직접+간접)*단위 가격 + 4. **경비**(소요 경비*단위당 가격) + 5. **일반 관리비**(기업 유지를 위한 비용) + 6. **이윤**(전체 비용의 25%를 넘지 못함)

이렇듯 원가를 명확하게 계산하는 것은 어렵습니다. 하지만 대략적인 원가는 실무자 입장에서 일정 부분 계산해야 합니다.

• 경쟁 기업

우리의 비용을 계산하면서 우리의 비용이 경쟁사보다 낮거나 또는 높으면 협상 대상이 될 수 없습니다. 물론 협상에 의해서 가격이 결정되기에 '처음에는 높은 가격을 제시하고 협상하면서 할인해 주는 방법' 이른바 '네고'를 하면 좋을 것이나 이런 결정 방법에는 매우 큰 착각의 경우가 너무 많습니다. 금액이라는 것은 숫자로 되어 있어 기억하기 쉽기 때문에 처음에 말도 안 되는 가격을 제시하면 그때의 기억이 고객사의 담당자 입장에서 상당 부분 오래 남아 있기 때문입니다. 다시 말씀드리면, 가격 결정에 매우 복잡한 프로세스가 적용되는 B to B에서 가격을 의뢰하는 고객사의 담당자 입장에서 가격을 말도 안 되게 제시를 하면 이러한 것은 머릿속에 강력하게 남아 향후 협상 대상 자체에 놓이지 않습니다. 이 부분은 기존에 관계가 형성되어 있는 경우에도 해당됩니다. 이러한 오류를 해소하기 가장 최적의 방법이 경쟁사의 가격을 조사하여 우리의 가격정책을 결정하는 것이 바람직합니다.

이렇듯 우리가 가격 협상을 할 때에는 경쟁 기업 금액을 조사하여 그들과 비슷한 수준에서 시작하는 것이 바람직합니다.

이제 금액에 대해 일정 부분 고객사에 제시할 기준이 마련되었으면 이제 고객사의 심리적 상태를 이해하면서 적정한 금액을 결정하여 통지하면 됩니다.

· **고객사의 내적 상태**

고객사의 구매 담당자가 가격을 결정할 때 고객사 내부적으로 축적된 정보 또는 각 부서 간 협의에 의한 정보, 또는 고객사의 내부 방침 등에 의해서 구입하려는 제품의 가격은 일정 부분 설정되었다고 판단하시는 것이 좋습니다. 만약 고객사가 이러한 가격 정보 없이 우리를 처음 컨택해서 가격 협의를 하게 되는 경우라면, 아직 구매 프로세스상 상위 단계는 아닌 것으로 판단하셔도 좋습니다.

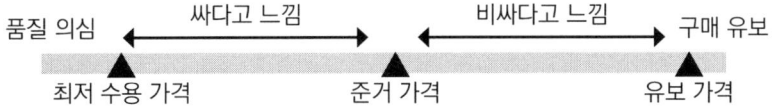

위의 도식은 가격에 대해 고객사(소비자)가 느끼는 기준입니다. 고객사는 최저 수용 가격과 유보 가격 중 고객사 내부적으로 적절한 가격에 우리 제품을 구입하게 됩니다.

고객사와 협상을 통해 가격을 결정할 때 최저 수용 가격에 가까운 금액을 제시하면 협상이 원하는 방향으로 되지 않습니다. 이유는 가격이 저렴하면 상대적으로 부족한 것들 예를 들어 품질이 문제가 된다거나 아니면 사후 관리가 안 된다거나 어떠한 문제가 생긴다고 판단하게 됩니다. 또 반대로 너무 높은 가격을 제시하면 터무니없는 가격으로 고객사와 협상이 제대로 되지 않습니다. 그리고 또, 고객사와 원만한 가격 협상이 되어 계약 체결 직전이라면 그 계약 금액 정도에 따라 달라지겠지만, 고객사는 마지막 협상을 다시 제안할 수도 있습니다. 지속적으로 가격 협상이 진행되는 것은, 품질이 확정되고 난 이후, 위 도식에서 보여 주는 것처럼 준거가격 안에서 최대한 최저 수용 가격에 위치하도록 하기 위함입니다. 이렇듯 적절한 가격을 제시해야 하지만 참 어려운 결정입니다.

기업 대 기업 거래에서 가격정책이라는 것은 소비재 시장과 같은 대중의 심리가 아닌 특정 기업 또는 특정 인물과의 협상에 의해 결정되는 것이 많기에 좋은 금액에서 가격이 형성되기 위해서는 많은 정보가 필요합니다.

- **고객사 정보를 수집하는 방법**

　고객사의 정보를 수집하는 방법은 비단 가격을 결정할 때뿐만 아니라 많은 부분에서 필요합니다. 정보가 많으면 분석할 내용들이 많아지고 좀 더 정밀하게 고객사가 원하는 분야를 설명할 수 있기 때문입니다.

　고객사의 정보를 수집하는 방법은 사실 크게 없습니다. 직접 만나서 정보를 수집하는 것입니다. 하지만 직접 만나서 우리가 원하는 관련 정보를 직접 수집하기 어렵고 또 고객사를 만난다 하여도 비용적인 것을 물어보기 어렵기 때문입니다. 이때 가장 쉽게 사용하는 방법이 고객사에 '우리는 이 정도 이 정도 생각하고 있는데 경쟁력이 있을까요?' 물어볼 때, 물론 이렇게 물어보기 위해서는 고객사와 일정 부분 관계가 성립된 이후 가능한 질문입니다만, 대부분의 공급 기업들 그러니까 제품을 납품해야 하는 우리들 같은 사람들은 저런 질문을 잘 하지 못합니다. 왠지 물어보면 안 될 거 같으니까 말이죠. 하지만 물어보십시오. 그럼 고객사의 반응은 즉각적으로 나옵니다.

　이러한 정보를 수집하면서 하나 더 필요로 한 것이 납기의 시급성과 담당자의 내적 상태입니다.

　먼저 납기의 시급성은 잘 활용해야 하는 요소입니다. 납기가 급하면 제때 납품이 어려워지고 그렇게 되면 고객사는 생산 일정이 늦어지게 돼서 많은 문제가 발생합니다. 가끔 고객사가 왜 납기가 늦어지게 되었는지 사정을 알아보려고 하거나 알고 싶어 하는 분들이 계시는데, 우리는 이러한 고객사의 사정 '왜 납기가 늦어졌는지'에 대해

궁금해할 필요가 절대 없습니다. 이렇게 우리랑 상관없는 정보는 수집할 필요가 없습니다. 납기가 급하면 다시 말씀드려서, 단순 익스프레스 납기가 아닌 진짜 급한 납기라면, 가격을 더 올리는 행위는 절대 하지 않았으면 합니다. 어떤 납품처들은 야근이나 특근 등 시간을 맞추기 위해서 가격을 올리는 경우도 있지만, 물론, 납기가 급하면 우리 입장에서 외주처도 더 써야 하고, 직원들도 야근해야 하고, 일용직도 추가해야 하고 해서 일시적으로 우리 비용이 증가합니다. 그래서 비용이 증가되는 것은 당연한 것입니다. 하지만, 절대 가격을 올리는 행위는 지양했으면 합니다. 이러한 납기가 급한 상태에서 비용이 증가되는 것은 사회 초년생이 아닌 경우에 대부분 인지하고 있는 부분입니다. 그래서 사실 가격을 올려도 되지만 그러지 말라는 것은 앞서 말씀드린 우리랑 상관없는 정보 때문입니다. 고객사 입장에서는 어떤 사정이 있어서 이렇게 급하게 우리에게까지 부탁하는 상황입니다. 그럼 우리는 평상시와 같은 가격으로 제공을 하면 됩니다. 만약, 우리 가격이 너무 낮아서 이런 급한 업무를 처리할 비용이 추가되어 손실로 연결이 되더라도 그 손실 비용은 추가 발주에서 충분히 회복 가능하니 말입니다. 또 담당자의 내적 상황도 많이 중요합니다. 담당자가 매우 곤란한 상황일수록 우리는 담당자를 도와주면 됩니다. 우리가 지금 거래하는 것은 기업을 대상으로 하지만, 직접 업무를 하는 담당자 입장에서는 자기의 어려운 일이 외부의 지원으로부터 해결되는 것입니다. 이러한 문제 해결은 웬만해서는 다음에 꼭 은혜를 갚습니다. 예를 들면 담당자가 당장 승진을 해야 하는 상황이라든가 또는 담당자의 치명적인 실수로 문제가 발생한 경우라든가 다양한 상황에 놓인 담당자를 도와줄 수도 있는 것입니다. 이러한 특수한 상황을 제외하고 보통의 경우 가격은 준거가격을 기준으로 최저 수용 가격과 유보 가격 중 결정됩니다.

B to B 4P
- Promotion

제품 프로모션과 관련된 모든 행동들, 기업 홍보, 광고, 뉴스, 후원 등을 포함한 기업의 모든 대외 활동을 Promotion이라 하겠습니다.

B to B에서는 프로모션을 착실하게 진행하기 어렵습니다. 일반 소비자를 대상으로 하는 것과 같이 즉각적인 결과가 나오는 것이 아닌 (B to C라 하더라도 바로 결과가 나오지는 않습니다) 특정 시간이 지나야 결과가 보이기 시작하며 또한 복잡하고 확인하기 어려운 프로모션 결과물에 대한 분석 결과가 나오기가 좀처럼 쉽지 않습니다. 이러한 이유로 대부분의 기업은 자사 홈페이지, 전시회 참관 수준에서 크게 벗어나지 못하고 있습니다.

제가 생각하는 B to B에서의 프로모션은 고객사 '준거점의 이동'이라 말씀드리겠습니다. 고객사 상담을 하다 보면, 기업 규모와 상관없이 공통적으로 발생되는 것은 일종의 정보의 비대칭입니다. '정보의 비대칭성'이라 하면 우리가 생각하는 정보의 내용과 실제 고객사가 알고 있는 정보의 내용이 다르거나, 심지어 왜곡되어 있기도 합니다. 물론 중견 기업 이상 규모라면 중소기업과 다른 규모의 조직력과 정보력을 확보하고 있습니다. 그럼에도 불구하고 정보의 비대칭성은 유효합니다. 정보의 비대칭성을 극복하기 위하여 다양한 정보 수집을 진행하고 분석하며 또 배포하지만, 역시 사람이 하는 일이므로 정보 수집의 왜곡과 편향은 존재합니다. 그래서 저는 B to B에서의 프로모션은 우리 기업의 정보를 우리 고객사에 정확하게 전달함으로써 고객사가 우리가 아닌 다른 기업에 의해 생긴 산업 시장 내 정보 준거를 우리 쪽으로 옮겨 오도록 지원한다는 의미로 '준거점의 이동'이라 하겠습니다.

- **준거점**

영어로는 Reference point 즉 참조하는 지점입니다.

우리가 무언가를 판단하고 생각하는 행동은 각자 고유한 기준이 있으며 이 기준 안에서 행동합니다. 또 해당 기준이 부족할 경우 기준을 좀 더 구체적으로 고도화하기도 합니다.

이러한 준거점은 기업 관점에서 무언가를 결정해야 할 때 내부적인 강한 규칙이 될 수 있습니다. 대표적으로 제품의 사양과 관련된 비용이 해당됩니다. 이러한 준거점 또는 준거집단은 판단을 내리는 사람에게 다양한 영향을 주는데 대표적인 영향력 요인으로는 아래와 같습니다.

> **정보 수집, 내부 규칙, 가치 표현**

먼저 정보 수집에 대한 영향력은 구매 상황에 놓여서 제품을 알아보게 되면 가장 먼저 내부적으로 관련 제품에 대한 정보를 수집합니다. 그렇기에 기존 납품처가 계속해서 추가 납품되는 경우가 매우 빈번하게 있습니다. 두 번째로 내부 규칙이 있습니다. 아무리 납품 실적이 있더라도 수시로 변하는 기준으로 인해 매입처가 변화하게 됩니다. 또는 수시로 변화를 추구하는 기업이라도 자신들의 욕구를 모두 충족시켜 주는 기업이 등장하면 이러한 변화를 지양하게 되어서 납품처를 변경하게 됩니다. 마지막으로 가치 표현이 있습니다. 우리 기업은 해당 제품을 사용하기에 그만큼 가치 있는 제품이라 강조하게 되는 것입니다. 이 부분은 예시를 들어 설명드리면 아래와 같습니다.

> Turn Key 시공은 고객사가 원하는 사양을 전체적으로 매입하여 한 번에 시공하는 사업을 일컬어 부릅니다. 시공사는 특정 기업의 특정 제품을 독점 공급하고 있다고 강조하면서 자사의 우수성을 강조하게 됩니다. 예를 들어 "최적 조건값을 지원하기 위해 유럽 L社 렌즈를 국내 독점 사용합니다"와 같은 광고 문구를 말합니다.

이러한 준거점은 각 기업마다 고유하며 정보 수집자와 의사 결정자의 외부에서 강한 영향력이 없으면 준거점은 움직이기 어렵습니다. 하지만 이러한 준거점은 이동하게 되어 있습니다. 이동하라고 또는 어쩌면 이동하기 위해 존재하는 것이 이 '준거점'입니다.

특히 실무자 또는 의사 결정권자의 정보 수집 과정에서 이런 준거점은 이동됩니다.

> 국내 사물 인식 빅데이터 스타트업인 'L 社'의 사물 인식 방법은 기존의 객체 인식 방법에 한정된 것이 아닌 객체 인식과, 객체가 행하는 독특한 몸짓을 학습시켜 사람의 손끝이 지시하는 위치를 다양한 타깃별로 검출률 95% 이상의 매우 높은 적중률을 보여 주는 스타트업으로, 기술 수준은 높지만, 국내 수요 기업이 없어 추가 개발이 어려운 상황에서 해외 전시회를 통해 국내 대기업 의사 결정권자와 직접 상담 및 시연을 보여 주고 국내에서 서비스 판매가 가능하게 되었습니다.
> 이러한 상황은 우수한 연구 기술을 배경으로 고객사의 기준인 '해외 빅데이터 기업만 가능하다'에서 '국내 스타트업도 충분히 가능하다'로 준거점이 변화하게 된 케이스입니다.

글을 작성하는 시점에서는 일부 보급된 프로모션 방법입니다만, CES 전시회에 참가를 하는 주된 목적은 해외 홍보도 있지만, 사실 국내 대기업과 직접적인 연락을 취하기 위한 방법으로 많이 활용합니다.

> 국내 장비 제조 회사 대기업에 완성품을 공급하는 스타트업으로 기술직 출신의 대표자는 직전 직장에서 좋은 평판과 실력을 중심으로 하는, 그리고 상황별 최종 고객사의 업무까지도 지원이 가능한 1인 스타트업입니다. 창업 후 기업 기반(매출액 등)이 아직 구축되지 않아 대기업 납품 조건이 되지 않아 부득이하게 마케팅을 위해 중간 유통 기업을 통해 제작 납품하게 되었으며 최종 고객사도 이러한 사실을 알고 있습니다.
>
> 고객사인 장비 제조 회사의 팀장이, 최종 고객사인 기업으로부터 새로이 부임하게 되어 내부적 기준(방침)이 직접 생산이 아닌 제품은 매입하지 않는 것으로 변하게 되어, 상담을 진행한 대기업 출신 1인 스타트업은 현재 고객사에 더 이상 납품이 어렵게 되었습니다. 사실상 납품이 어렵게 되었습니다.

 초기 스타트업이 재무적 상황이 여의찮아 재무적 상황이 좋은 중간 유통상을 통하여 납품을 하는 스타트업의 예시입니다.

 위 두 가지 케이스 중 첫 번째 것은 외부 영향으로 즉 전시회를 통해 수집한 정보로 인해 결정권자의 준거점이 변하게 된 경우이며, 아래 케이스는 내부 영향으로 즉 결정권자의 변경에 따라 준거점이 변하게 된 경우입니다. 이렇듯 준거점은 수시로 변하게 되어 있습니다.

• 준거점을 이동시키기 위한 프로모션 전략 제안

경쟁사 대비 규모가 작을수록, 시장에서 평판이 작을수록 특정 목적에 중심을 둔 기술 중심으로 프로모션을 진행하는 것이 가장 바람직합니다.

기술 중심으로 프로모션을 하는 방법으로는 학술지 논문 발표 또는 전문 학술지 후원 방법이 있습니다. 그리고 해당 기술이 포함되는 전문 서적을 통한 광고, 기술 발표회가 대표적인 기술 중심의 프로모션 전략입니다.

이러한 과정에서 평판이 쌓이고 매출이 상승하면 프로모션에서 홍보나 판촉 같은 활동도 병행하면서 지속적으로 홍보하는 것입니다. 대표적인 추가 홍보 방법이 전시회 참관입니다.

안타깝게도 특히 기술 중심의 기업은 제품이나 서비스를 개발하고 프로모션을 잘 진행하지 않습니다. 그리고 또 유통업체를 복수로 가져가지 않는 경우도 많이 있습니다. 시장에서 기술적 우위가 있는 우리 제품이나 서비스의 개발이 완료되면, 그다음은 홍보 프로모션입니다.

이것을 진행하고 진행하지 않고의 차이는 '하냐, 안 하냐' 이 정도 차이 말고는 없습니다. 상대적으로 비용이 가장 적게 드는 전문 학술지 후원 또는 전문 서적에 홍보를 시작하면서 광고나 프로모션을 시작하시는 것과 동시에 전시회도 고려하신다면 분명 시장은 우리를 위해 열릴 것입니다.

고객사 정보 수집 과정을 활용하는 방법으로는 위에 예시에서 표현한 정보를 수집하는 채널이 아닌 별도의 채널을 활용하는 방법입니다. 즉 대기업 납품을 위해서는 국내에서 조건이 성립되지 않아 어렵고 특히 대기업의 의사 결정권자를 만나는 것은 불가능에 가깝습니다. 이럴 때 국내 정보 채널이 아닌 해외 정보 채널에서 국내 기업을 대상으로 프로모션하는 방법이 있습니다. 또 다른 기준으로는 인맥 및 국내에서 수집되는 모든 정보 채널에 우리 기술에 대한 정보를 대량으로 배포하는 방법입니다. 일종의 낚시터에서 많은 낚싯대를 한 번에 펼쳐 놓는 것과 같은 의미입니다. 고객사가 정보를 수집하는 과정을 연구하여 각 과정별 모든 게이트에 우리 회사 정보가 선점하게 되면 자연스럽게 우리 회사 정보를 접촉하게 됩니다.

내부 규칙 방법을 활용하는 것의 예시로는 경험상 가장 많은 B to B 기업들이 신규로 고객사를 발굴하는 것으로 목적되는 고객사에 수시로 방문하여 자사의 기술 수준과 경쟁력을 수시로 전달하는 것입니다. 이러한 과정에서 고객사의 내부 규칙에 변화가 생기면 우리에게 기회가 발생하기 때문입니다. 대표적인 예시로는 고객사가 신제품 개발 시 새로운 요구 사항이 발생하게 되는데 이때 우리 제품을 사용해 볼 수 있습니다.

가치 표현의 방법으로는 고객사가 우리 제품을 사용함으로써 해당 시장에서 더 매력적인 제품으로 인식되는 것입니다. 대표적인 예시 중 하나가 미 인텔 社입니다. 인텔은 전형적인 B to B 기업으로 자신들의 홍보를 통해 자신들의 고객사가 제품을 판매할 때 인텔 칩을 써서 성능이 좋다는 내용으로 홍보하곤 했습니다.

B to B 4P
- Place 유통

B to B 분야의 유통 구조 역시 일반 소매품 유통과 마찬가지로 직접 유통, 간접 유통, 직·간접 유통이 있습니다. 이러한 유통 구조는 다음과 같습니다.

	제조 기업	유통 1	유통 2	유통 3	유통 4	고객사
간접 유통	✓	✓	✓	✓	✓	✓
직·간접 유통	✓		✓	✓		✓
직접 유통	✓					✓

간접 유통과 직접 유통 그리고 직·간접 유통의 차이가 발생하는 이유는 고객사와 우리의 관계가 결정합니다. 고객사와 최초 거래하는

우리 입장에서 기업의 규모가 작다면 우리보다 규모가 더 큰 중간 유통 기업과의 간접 유통을 통해 그들의 유통망 영향 아래 최종 고객에게 판매하게 됩니다. 이때 우리의 실수로 인해 발생하는 손실을 일정 부분 유통상에서 대신하기에 고객들은 신생 기업인 우리의 제품을 선택할 수 있습니다. 이런 구조를 간접 유통 구조라 하며, 이러한 판매를 진행하면서 고객에게 직접 판매를 하게 되면 이런 것이 직·간접 유통이라 할 수 있고, 처음부터 우리가 직접 거래를 하게 되면 직접 유통이 됩니다. 직접 거래는 보통 유통망이 확보된 기업을 중심으로 진행됩니다. 유통 기업의 PB 상품이 대표적인 예시입니다. 이렇듯 우리는 유통이 없으면 제품을 판매하기 많이 어렵습니다. 반증하듯 많은 제조사들이 스마트 스토어 등 온라인 커머스를 이용하여 직접 판매를 시도하지만, 크게 판매가 되고 있지 않습니다.

• B to C 유통 프로세스에 가까운 B to B 유통 프로세스

유통 프로세스 B to B 유통, 즉 Place에 대한 전략을 구축하시면서, 구축하시는 프로세스가 B to C와 마찬가지 개념으로 전략상 중간 유통상을 통해 대규모 자본 아래 유통을 하게 되면 많은 부분 장점이 발생합니다. 우리 제품이 제공하는 사후 관리 및 반품 등을 우리는 최종 고객사에 즉각적으로 대응하기 매우 어렵습니다. 하지만 중간 유통상이 있으면 그들을 통해 우리 대신 대응을 진행해도 되며 또는 우리가 대응할 때까지 시간을 벌어 줄 수도 있습니다. 또한 거대 유통상의 브랜드 평판을 활용하여 브랜드 평판이 낮은 우리 제품의 판매도 가능하며 우리 고객사에 직접 유통을 진행할 때보다 매우 용이하게 고객사에 접근이 가능해집니다. 이렇듯 유통상은 없으면 안 되는 매우 강하고 유용한 중간 과정입니다. 물론 한국 내에서는 이러한 유통 업체 중 중간 폭리를 취하는 일부 유통업체도 존재하지만, 일부임을 먼저 말씀드리면서, B to B와 B to C 모두 유통 경로는 위에 테이블에서 보이는 것과 같습니다. 또한 액세서리 부품에 가까울수록 간접 유통 구조도를 채택하는 것이 바람직합니다. 우리 기업 역시 물건을 사기 위해 인터넷을 통해 그리고 소매점을 통해 매우 다양한 정보를 수집하고 정리해서 합리적인 결정을 합니다. 이렇게 소비자들이 즉 고객사가 합리적인 결정을 하기에 필요로 하는 것이 바로 유통상입니다. 반드시 필요로 하는 것이 유통업체라는 것을 강조하면서 B to B에서의 간접 유통, 직·간접 유통, 직접 유통에 대한 전략적 방향성에 대해 알아보겠습니다.

- 직접 유통

직접 유통은 우리의 제품이나 서비스를 고객사에 직접 납품하는 경우를 이야기합니다. 고객사와 납품사인 우리가 중간에 어떠한 회계적인 것이 없이 직접 납품 및 결제가 되는 경우를 이야기합니다. 또, 우리가 납품하는 대상이 우리 제품의 최종 고객사로부터 지정되어 중간 업체에 납품하는 경우에도 우리와 납품받는 고객 간에 회계가 발생하기에 직접 유통이라 할 수 있습니다.

> 간혹, 최종 고객사에서는 우리가 만든 제품이나 서비스의 신뢰와 용이성을 위해 중간 업체에 납품을 요구하는 경우가 있으며 우리의 가격까지 모두 결정되어 내려오는 경우가 있습니다. 주로 대량 생산을 하는 제품의 경우 발생 가능한 구조입니다. 이때는 회계 거래는 중간 고객사와 진행되지만, 영업 협상은 최종 고객사와 중간 고객사 동시에 진행되기도 합니다.

이러한 직접 유통은 B to B 분야에서 일반적으로 사용되는 납품 방법입니다.

- 직·간접 유통

직·간접 유통은 우리 제품이나 서비스를 최종 고객사에 납품하게 되면서 유통을 대신해 주는 경우를 말합니다. 중간 유통이 3단계, 4단계로 복잡하지 않고 1~2단계로 짧은 것이 특징입니다. 중간에 유통상이 들어가는 이유는 우리의 영업 능력, 마케팅 능력, 브랜딩 등 판매를 위한 중요 요소들이 부족한 경우에 해당됩니다.

예를 들어, 우리가 제품을 사출하는 사출 전문 기업이라 가정하면 국내의 경우, 대부분의 사출은 기술적 난이도가 높지 않습니다. 사출 제품 비즈니스에서 중요점은 사출을 진행하는 사출기의 Ton 수(물량) 그리고 적기 납품입니다. 우리의 생산 규모가 작을 경우 그래서 적기 납품을 하기 위해 많은 시간이 소요되는 경우 우리가 직접 고객사를 발굴해서 영업하고 납품하는 것은 여간 어려운 것이 아닙니다.

이때 우리는 우리보다 규모가 큰 다른 사출 기업 즉 경쟁사와 협업을 하게 되면, 우리보다 규모가 큰 사출 기업은 우리의 제품을 취급하는 관점에서는 경쟁사이지만, 우리 제품을 받아 주는 관점에서는 우리 고객사일 수 있습니다.

우리는 이러한 우리보다 규모가 큰 경쟁 기업에 납품을 하면서 영업을 할 수도 있으며 그들을 통해 규칙적인 수익 창출도 가능합니다. 이러한 과정을 통해 우리 제품을 최종 수용 하는 기업에 다른 제품에 대한 영업도 가능하여 최종 고객사에 대한 시장 개척도 가능합니다. 이렇듯 우리 제품이 완제품 형태가 중간 형태의 제품으로 다른 기업에 납품이 되어 다른 기업에서 완제품의 형태로 납품이 되는 경우 직·간접 유통이라 할 수 있겠습니다.

최종 고객사에 우리 제품을 중간 유통상과 충분한 협의 없이, 영업을 하면 기업 존속이 어렵습니다. 중간 유통상과 충분한 협의를 통해 최종 고객사에 접근하는 것이 좋습니다.

신규 기업 그리고 조직 규모가 상대적으로 작을수록 시장 개척이 어려워 중간에 유통상을 통하는 경우도 많이 있습니다. 우리가 만드는 제품에 대한 용처는 확실하지만, 고객사가 어디에 어떻게 존재하는지 모를 때 유통상을 경유하는 경우가 많이 있습니다. 우리 내부적인 조직 역량으로는 고객사 발굴이 어렵고 또 직접 발굴을 위해 초기 투자해야 하는 비용(인적, 물적)이 부족한 경우 유통상을 활용합니다.

유통상은 다수의 고객사를 확보하고 고객사에 직접 영업을 진행하기에 영업 능력과 마케팅 능력의 집중을 위해 유통상만 마케팅 대상으로 진행하는 경우라 할 수 있겠습니다.

> 생산 현장에서 발생하는 '미끄럼 방지용 고무 패드'는 전형적인 유통망을 확보하여 영업하는 경우입니다. 고무 패드 제작에는 기술적 노하우가 IT 제품 대비 상대적으로 덜하고 쉽게 구입하고는 싶지만, 어느 기업에서 제작을 하는지 찾기 어렵습니다. 그래서 보통의 경우 '유통 상가'로 불리는 기업을 대상으로 하는 대규모 유통단지에 가면 쉽게 찾을 수 있고 기업 입장에서도 애매모호한 제품은 유통 상가에 직접 가서 구입을 합니다. 하지만 인터넷을 통해서도 우리는 미끄럼 방지 고무 패드를 쉽게 구입할 수 있습니다.

- 전속 유통 형태의 직·간접 유통

전속 유통이라는 의미는 '대리점'이라 생각하시면 좋겠습니다. B to B에서도 특정 기업의 제품만 전문적으로 유통하는 전속 유통점이 있습니다. 전속 유통점은 최종 고객사와 제품, 서비스 공급업체 사이에 중간 역할을 하며 양쪽 모두의 의견을 조율하는 경우가 많이 있습니다.

우리가 제품 구입을 고민하고 성능에 대해서 고민할 때, 전속 유통사는 자신들이 대리 판매를 하는 제품의 판매를 위해 다양한 지원을 합니다. 직접거래 대비 가격 할인도 진행하며, 설계 지원 같은 엔지니어링도 진행합니다. 또 사후 관리까지 진행하는 경우도 있습니다. 또 고객사 입장에서는 비용을 나누어 지급하는 경우도 가능하고 '어음'과 같은 제도 또한 활용이 가능합니다. 이렇게 전속 유통사는 납품처와 고객사 사이에 중간자 역할을 하게 되는 경우가 많이 있습니다.

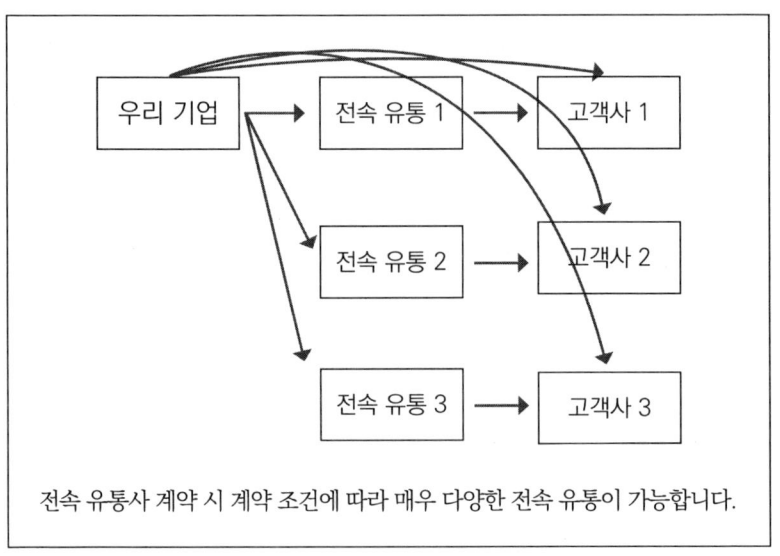

전속 유통사 계약 시 계약 조건에 따라 매우 다양한 전속 유통이 가능합니다.

> PLC(Programmable Logic Controller) 제품은 자동화 공정에 필요로 하는 디지털 동작을 위한 전자 장치입니다. PLC를 이용하기 위해서는 PLC 제조사에서 제공하는 개발 SW를 사용해야 하기 때문에 전문적인 지식을 요구합니다. 일본 미스비치 PLC, 독일 Siemens PLC, 한국 LS PLC 모두 같은 역할을 하며 기능적 차이가 없습니다. 하지만, 3가지 모두 사용할 수 있는 SW 엔지니어는 찾기 어렵고 하나 또는 두 개 기업 제품을 다룰 수 있는 엔지니어는 있습니다. PLC 제조사는 이러한 환경을 이유로 전속 유통을 통해 SW 컨설팅까지 진행하면서 대규모 납품 시에는 직접 납품도 진행합니다.

해외 수출에 대해서는 직접 유통과 간접 유통 간의 경계가 모호합니다. 해외 대리점을 100% 이용하게 되면 간접 유통이라 할 수 있지만, 그러지 않은 경우 즉 마케팅만 전문적으로 하는 해외 대리점도 많기 때문입니다. 쉽게 생각하면 직·간접 유통에 해당되나 매출 발생 시점에서 국내 수출 면장 상대편이 대리점이고 면장이 우리 이름으로 발행하게 되면 간접 유통에 가깝고 수출 면장 상대방이 최종 고객사인 경우 직접 유통에 가깝습니다. 하지만 엄격한 회계 기준을 적용하게 되면 두 가지 모두 직접 매출에 해당되므로 직접 유통이라 할 수도 있습니다.

- **간접 유통**

　간접 유통의 경우는 기업 내부적인 역량을 제조에만 집중하는 경우라 할 수 있겠습니다. 이른바 제조 전문 기업입니다. 최종 고객사에 대한 특정은 어렵지만 사용처는 확실한 경우에 해당합니다. 즉 범용성이 강한 제품을 이야기합니다.

　범용성이 같고 경쟁사와의 제품 사양이 거의 없는 경우 또는 제품이나 서비스를 이용하는 데 정부 기준 요건만 충족되면 가능한 경우 등 범용성이 확보된 경우는 간접 유통 방법에 집중하는 것도 좋은 전략이라 할 수 있습니다.

전선 제조 업체는 간접 유통 방식을 채택하고 있습니다.

강판(철판)과 함께 대표적인 간접 유통 방식을 채택하고 있는 분야가 전선 분야입니다.

전선을 구입하기 위해서는 가까운 전기용품 소매상을 찾습니다. 전기용품 소매점에서 전기 공사에 필요로 하는 전선과 관련 부자재를 이러한 전기용품 부자재 전용 매장은 유통 단지에도 입점해 있고 일반 소비자들이 쉽게 접근 가능한 도심지에도 많이 입점해 있습니다.

　직접 유통, 직·간접 유통, 간접 유통에 대한 개념과 이유 그리고 사례에 대해서 알아보았습니다. 이제 귀사에 가장 적합한 유통 구조를 단일 구조 또는 복수 구조로 설계하시는 것을 말씀드리면서, 유통점 개설 시 그들의 의무와 책임에 대한 부분을 알아보겠습니다.

전속 유통 회사는 마케팅 전술에 최전방에 놓여 있습니다.

우리가 우리 고객에 대한 모든 정보를 가지고 있으면 유통 회사가 필요 없습니다. 하지만 기업의 규모와 상관없이 그러지 못한 것이 현실입니다. 그래서 매우 빈번하게 외부의 도움이 필요하며 이러한 도움은 보통 매출이 발생되는 시점의 지원 즉 영업 지원이 필요합니다.

이럴 때 전속 유통 회사와 계약을 통해 영업을 진행하는데 우리가 전속 회사와의 계약 시 확인해야 하는 것들과 함께 반드시 알고 넘어가야 하는 것이 있습니다.

당연하게도 우리 제품과 동일한 제품은 판매를 하면 안 될 것입니다. 그리고 또 결제 기준 역시 검토해야 합니다. 판매 시점에 발생하는지 고객사 결제 시점에 발생하는지 아니면 다른 포인트에서 발생하는지도 확인해야 합니다. 역시 전속 유통 회사의 마케팅 능력 또한 검토해야 합니다. 마케팅 능력(영업 능력)이 없는 경우 전속 유통 회사라 하기 어렵습니다. 이러한 부분들은 전속 유통 회사와 계약 시 참고하여 계약을 진행합니다. 이때 가장 쉽게 간과하는 부분이 마케팅 능력이 높다 하더라도 실제 움직이지 않으면 아무런 효과가 없다는 것입니다. 그리고 우리는 전속 계약을 할 때 어디 기업 어디 기업을 주로 목표하는지 또는 어느 지역, 어느 시장을 목표로 하는지 그리고 마케팅 활동은 어떤 방법으로 진행할 것인지 이러한 마케팅 활동에서 우리가 지원해 줘야 하는 것들은 무엇이 있는지 가장 중요한 그들의 마케팅 활동에 대한 정기적인 회신이 가능한지 등 전속 유통 회사로서의 권한을 부여하는 조건으로 우리는 다양한 조건을 제시해야 합니다.

B to B 유통 전략
- 대리점 구축하는 방법

유통이라 하면 우리는 보통 소매상 도매상을 생각합니다. 그리고 B to B 사업의 특성상 고객사에 직접 납품을 하게 되는 경우가 많아 우리는 유통 전략을 생각하지 않습니다. 그래서 더욱 유통 전략이 필요한 것입니다. 사실 유통 전략인지 모르시는 상태에서 전략을 구축하시는 경우가 많이 있기 때문입니다. 그렇기 때문에 우리는 좀 더 유통에 대해서 구체적으로 이해하고 알아야 합니다.

유통 전략을 구사하기 전에 선행되어야 하는 것은 우리의 고객을 특정하고 그리고 우리 제품이 사용하게 될 가능성이 높은 소위 말하는 시장 사이즈가 큰 시장을 우리의 주력 시장으로 결정을 하게 됩니다. 하지만, 우리는 시장을 확대해야 하는 욕구가 있고 동시에 시장을 확대하기 위한 인적, 물적 자원의 한계를 경험하게 됩니다.

국내 및 해외에 물리적으로 거리가 있게 되는 경우 우리는 지역 총판을 이용하게 되는데 이런 것을 우리는 Agency라는 표현을 사용합니다. 또는 프랜차이즈라고도 합니다. 국내를 예를 들어 생각해 보면, SW 기업의 경우 개발한 프로그램을 우리 고객에 판매하기 위해서는 전국 어디든 판매를 하면 되지만, 사실 서울에 있는 SW 기업은 부산에 있는 기업에 판매하기 어렵습니다. 그나마 부산의 경우 교통이 발달해서 쉽게 접근이 가능하지만 상대적으로 교통 발달이 더딘, 울산 중구에 위치한 중소기업 방문을 어떤 식으로 발굴하고 연락을 하실 것인가요? 사실상 불가능합니다. 그래서 전시회 같은 활동을 통해 고객들을 만나는 것입니다.

하지만 이때 울산 중구 지역에서 활발하게 영업 활동을 하는 Agency를 만들게 되면 어떨까요? 해당 Agency는 자사의 영업 창출을 위해 활동을 시작합니다. 또는 그들이 적극적으로 영업 활동을 하지 않더라도 울산 중구의 어떤 기업이 우리에게 연락을 취해서 우리가 Agency에 연결을 해 주게 되더라도 우리가 방문하기보다 Agency가 먼저 방문해서 고객사와 친밀감을 형성하게 되면 종국에 우리 물건 판매 가능성이 높아집니다.

이런 것을 우리는 간접 유통이라 합니다. Agency와 지역 사무실과는 다르기 때문입니다. 물론 회계적으로 세금 계산서가 분리되어야 하지만, 그런 회계적인 규칙을 제외한 부분에서 생각할 때 간접 유통이라 할 수 있습니다.

다른 예시를 들어 보면, 가까운 일본의 경우 일본 웬만한 지역은 당일 출장이 가능합니다. 6시경 비행기를 타면 점심 전에 일본 전역 웬만한 곳은 도착이 가능합니다. 하지만 기본적으로 우리는 일본어를 해야 합니다. 일본은 생각 외로 영어를 못합니다. 해외 영업직이나 해외에서 공부를 한 케이스가 아니라면 영어를 잘 못합니다. 그래서 우리가 일본어를 해야 합니다. 이렇듯 언어의 장벽 이외에도 (아무리 당일 점심 미팅이 가능하다 해도) 지리적으로 멀면 접근이 용이하지 않습니다. 더군다나 가장 큰 애로 사항은 해외 특유의 문화를 우리는 이해하지 못합니다. 문화의 차이에서 오는 오해로 인해 매우 빈번하게 진행했던 프로젝트가 무너지게 됩니다. 저의 예를 들면, 2년간 준비했던 비즈니스를 추진함에 있어서 최종 협의 확정 시점에 일본 고객사와 미팅 자리에서 우리가 들은 대답은 '좀 더 고민해 보고 약간의 수정이 필요하다'라는 답변이 있었습니다. 그때 우리는 약간의 수정만 고객사가 원하는 대로 하면 수주가 성공하는 줄 알았지만, 사실 이 답변은 우리와 거래를 하지 않겠다는 표현을 일본 특유의 문화가 들어가서 돌려 말했습니다. 그래서 1년의 시간을 더 소비하게 되었습니다. 이렇듯 해외의 경우 언어의 장벽과 동시 문화의 장벽이 있습니다.

본 장에서 저는 계속해서 Agency에 대해서만 말씀드렸습니다. Agency를 이용한 방법은 대표적인 간접 유통입니다. 그럼 유통 방법의 기본적인 유통 경로 3가지를 알아보겠습니다.

1. 직접 유통

우리가 직접 고객사에 접근해서 유통하는 방법입니다. B to B에서는 흔하게 발생하는 유통 방법입니다. 조직이 구성되기 전의 이런 유통망은 특정 지역이나 특정 산업군에 한정적일 수밖에 없습니다. 지역이나 산업군을 확장하기 위해서는 조직이 확장되어야 가능합니다. 결코 단일 조직으로는 다양한 산업군과 다양한 지역을 동시에 유통하기 어렵습니다. 혼선이 없으셨으면 하는 것은 만약 단일 조직으로 복수의 지역과 복수의 산업군 모두를 관리하신다면 그것은 특정한 고객이 없다는 말과도 비슷한 말입니다. 특정한 고객이라 하면 지속적으로 매출을 만들어 주는 고객사를 말씀드리는 것입니다.

2. 간접 유통

간접 유통은 우리와 어떠한 계약 관계에 있는 우리가 아닌 다른 조직이 유통하는 것을 간접 유통이라 합니다. B to B에서는 100% 간접 유통 방법을 추천하지 않습니다.

3. 혼합 유통

B to B에서 가장 추천하는 유통 방법은 선택적으로 직접 유통과 간접 유통을 동시에 운영하시는 방법입니다. 우리의 주력 고객사, 주력 산업군은 우리가 직접 유통을 하고 우리가 신경을 못 쓰는 고객사나 산업군에는 Agency를 통해 그들의 능력을 빌리는 것이 바람직하기 때문입니다.

· B to B 중소기업에 최적화된 간접 유통 방법

온라인 커머스가 발달되면서 대기업을 중심으로 B to B 온라인 유통점이 등장했습니다. 이러한 플랫폼을 이용하는 것도 좋지만, B to B의 영업은 대면 영업이 기본이며 대면 영업을 우리가 다 못 하기 때문에 고객사와 대면할 수 있는 유통업체 즉 간접 유통이 가장 적합합니다. 물론 이러한 과정에서 우리가 직접 영업을 통해 고객사를 확보하면 더 좋습니다. 이럴 경우 용어의 구분을 위해 혼합 유통이라 합니다. 당면해서 가장 중요한 유통 기업을 개발하는 방법에 대해 알아보겠습니다.

- Agency 구축 방법

유통 채널에 대한 전략도 중요하지만, 그럼 Agency를 발굴하는 방법은 무엇이 있을까요?

기술 중심의 유통 전략 관련 전문가 활용 방법이 있습니다. 업계 권위자를 활용하는 방법인데, 권위자의 후광을 입으면 우리 제품이나 서비스가 더 고급진 제품이나 서비스가 됩니다.

대표적인 특정 분야의 권위자와 협약을 맺는 것입니다. 어떤 분야이든 모든 것을 다 잘하는 능력자는 없지만, 모든 것을 다 알고 있으며 영향력을 행사하는 기술 중심의 전문가는 있습니다. 우리는 이러한 기술 중심 전문가 또는 전문가 단체와 협약을 하게 되면 그들이 진행하는 프로젝트의 특정 부분을 우리가 담당할 수 있게 됩니다. 이러한 케이스는 보통 건설 현장 등 프로젝트성 사업에서 자주 발생하는데, 최종 고객사가 하나의 큰 건물을 짓게 되면 배관은 A 기업, 전기공사는 B 기업, 외벽은 C 기업 이렇게 일을 나누어 분담을 하며 모든 책임은 전문가 기업에서 담당하게 됩니다.

우리가 이러한 기술 중심의 Agency를 구축하면서 간과하는 것은 합리적인 금액으로 우수한 기술이나 제품을 공급하면 된다고 생각들을 많이 하시는데, 이러한 합리적 금액과 우수한 기술은 기본으로 제공되는 것이며, 항시 Agecny 영업에 우리가 지원을 해 주어 그들이 원활하게 사업을 수주시키는 것이 중요합니다.

- 영업력에 의한 Agency 구축

B to B에서 영업력은 측정하기 어렵습니다. 누구나 다 자신들이 독보적인 실적이 있다 주장하고 누구나 다 자신들의 제품이, 기술이 우수하다 합니다. 이로써 우리는 객관적인 평가를 하기가 매우 어렵습니다. 이때 가장 사용하기 용이한 방법은 영업이 가능한 Agency를 복수로 구성하는 것입니다. 각자 나름대로의 기준은 있어서 각 Agency별 경계점은 확실하게 해야 하지만 그렇다고 굳이 먼저 영업이 되는 Agency를 계약에 의해 뒤로할 수는 없습니다. 개념과 원리는 단순합니다. 다수의 Agency를 구축하는 것이 가장 적합합니다.

Agency를 구축하는 대표적인 방법 두 가지에 대해 알아봤습니다. 이제 Agency가 하는 역할은 무엇이고 우리는 그들에게 어떤 것을 요구할 수 있으며 그들은 우리에 어떤 것들을 요구하게 될지 확인해 보고, 앞으로 Agency를 개발하게 될 때의 대응 방법에 대해 연구해 보겠습니다.

· **Agency의 역할**

당연하게도 Agency의 역할은 영업입니다. 우리는 고객사와 물리적 거리가 멀 수도 있으며 심리적 거리도 멀 수 있습니다. 또한 우리의 고객사들이 무엇을 생각하는지 알 수 없습니다. 심지어 우리의 전문 특화 분야가 아닌 다른 산업군의 고객사라면 이러한 정보의 격차는 더 깊습니다. Agency의 역할은 바로 고객사와 우리 기업 간의 정보를 서로 연결해 주는 것입니다. 정보의 연결이 곧 영업이기 때문입니다.

이러한 정보의 연결에서,

1. Agency는 단순 정보 제공일 수 있습니다

고객사의 연락처만 단순하게 제공하는 경우를 이야기합니다. 우리는 이러한 정보를 기준으로 내부 인원을 활용하여 영업을 진행하게 됩니다.

2. 최초 고객사 Contact와 간접적인 업무 지원

일종의 고객사를 대신하는 업무라 할 수 있습니다. 우리 대신에 고객사를 Contact하고 고객사 입장에서 우리를 통제하고 관리하는 것입니다. 비록 비용은 우리에서 나오지만, 결국 계약이 성립되지 않으면 Agency도 매출이 성립되지 않으니 최종 계약까지 고객사 대변하여 우리를 설득합니다.

3. 계약서에 직접 등장

Agency가 계약서에 직접 등장하는 경우입니다. 보통 국가 간, 그리고 각 기업 간 서로를 신용하기 어려울 때 사용하는 방법입니다. '신용'이란 금융적인 것을 말하며 고객사 입장에서 비용이 일부 발생하더라도 물건을 안정적으로 받을 수 있으며 우리 입장에서도 고객사로부터 돈을 못 받을 일도 없습니다. 못 받는다면 Agency에 일부 책임을 요구할 수도 있습니다.

4. 사후 관리의 의무

우리 제품이나 서비스가 문제가 발생할 때 우리는 당연하게도 사후 관리를 해야 합니다. 하지만 이러한 사후 관리를 우리가 아닌 Agency가 대신할 수도 있습니다. 물론 100% Agency가 하는 것이 아닌 간단한 수준에서의 사후 관리는 Agency가 복잡하고 난이도 있는 사후 관리는 우리가 하는 형태로 계약되는 경우가 많이 있습니다.

5. 총괄 책임으로서의 Agency

보통 프로젝트성 발주에서 종종 보이는 형태로 해당 분야의 고난도 숙련공이 총괄 책임자이자, 협력사 관리 총괄을 병행하는 경우에 해당하는 경우로 계약 후 특정 요건이 성립되기까지 모든 일을 관리하는 Agency입니다. 이런 경우 고객사와 세부적인 계약이 절대적이라 할 수 있지만, 결국 이러한 절대적인 계약도 Agency와 우리가 하게 되므로 우리는 사실상 Agency의 '을' 형태가 됩니다.

이렇듯 다양하게 Agency의 역할이 있습니다. 효과적인 프로젝트 달성을 위해 각자의 역할을 확실히 하고 계약을 진행하는 것이 좋습니다.

• Agency에 요구해야 하는 것들

우리와 Agency의 관계에 있어서 Agency에 정보와 그들의 영업을 잘할 수 있게 도와주는 것은 우리의 고객사일 수도 있으나, 결국 그들에 집행을 비용을 집행하는 것은 우리로부터 진행되므로 당연히 요구할 수 있는 것들이 있습니다.

1. 고객사의 정보: 고객사의 정보는 단순하게 이렇다 저렇다 수준이 아닌 세부적인 정보입니다. 고객사의 담당자, 의사 결정권자, 발주자 등 복잡한 프로세스 모두에 대한 세부적인 정보가 필요합니다. 그리고 우리는 요구를 할 수 있습니다.
2. 마케팅 전략: 정보가 수집되면 우리는 마케팅 전략을 수립할 수 있습니다. 이러한 과정에서 Agency가 깊숙하게 관여되어도 좋습니다. 이러한 관여로 우리의 전략은 더욱 풍성해집니다.
3. 영업 리포트: Agency는 우리 조직이 아니므로 그들이 어디서 누구에게 무엇을 영업하는지 알 수 없습니다. 그렇기에 그들에게 어디서 누구를 어떤 식으로 영업할 건지 그리고 어떠한 잠재

고객을 만날 것인지 요구할 수 있습니다. 이러한 요구로 Agency는 더욱 분발해서 영업을 할 것입니다.

Agency는 우리 기업이 아닙니다. 아무리 우리와 친하게 지낸다 하여도 Agency는 Agency입니다. 그들을 움직이게 하기 위해서는 그들과 지속적인 커뮤니케이션이 필요하고 그들로부터 최대한 정보를 수집하는 것이 바람직합니다.

• Agency에 제공해야 하는 것들

우리가 Agency 비용을 지급한다 하여도 Agency가 움직이지 않으면 결국 영업은 되지 않습니다. 그렇게 되면 결국 손해는 우리에게 있습니다. 많은 수의 기업들이 Agency를 계약함에 있어 계약서 내용대로 비용을 지급하기에 추가적인 제공을 안 하는 경우가 많이 있습니다. 그래서 영업이 제대로 되지 않습니다. Agency에 제공해야 하는 기본적인 것은 아래와 같습니다.

1. 영업 정보

우리 스스로 영업을 하면서 영업 정보를 Agency와 공유합니다. 우리가 Agency와 영업적으로 중복이 되었어도 우리는 우리의 영업 정보를 Agency에 제공해야 합니다. 그들이 아무것도 안 하고 그냥 단순히 계약서에 의한 권리로서 비용만 받아 간다면 그것은 그들의 잘못이 아니라 계약서를 잘못 작성한 것입니다.

2. 영업 비용 지급

이 부분은 조건별로 달라질 수도 있습니다. Agency 입장에서 여기저기 여러 곳을 영업하고 다니려면 비용이 발생합니다. 우리는 선뜻 이러한 비용을 미리 지급하기 꺼려 합니다. 하지만 비용 지급에 대해서는 Agency 충분한 협의를 통해 일정 부분 비용 지급은 선행 연구 차원으로 제공해도 문제가 크게 없습니다. 예를 들어 특정 기업을 영업하기 위해 비용을 지급하고 지급되는 비용은 전체 매출의 특정 요율일 것이며 최종 계약 성립 시 전체 지급 비용에서 영업비를 제외하고 지급해도 되기 때문입니다.

3. 마케팅 활동

우리는 Agency가 아니어도 다양한 마케팅 홍보 활동을 해야 합니다. 그래야 Agency 입장에서도 고객사를 방문해서 이야기할 거리가 풍성해지기 때문입니다. 우리가 마케팅 홍보를 하지 않으면 Agency도 마케팅 홍보를 소극적으로 합니다. 우리가 하지 않는데 Agency가 잘해 줄 것이라는 기대를 하시지 말고 우리부터 열심히 하면 충분히 고객사를 확보할 수 있습니다.

B to B 구독 경제 사업 모델

지구상 대부분의 유통 구조는 직접 유통, 간접 유통, 혼합 유통 이렇게 3가지가 있습니다. 공유 경제가 활발해지면서 새로운 개념인 구독 경제도 생겨나고 있습니다. 본 장에서는 구독 경제 유통을 설계하면서 서비스의 중요성에 대해서 알아보겠습니다.

구독 경제 즉 사용을 필요로 하는 시점에 사용을 하고 더 이상 사용이 필요 없어진 경우 구독을 해지하는 것을 이야기합니다. 비슷한 개념으로 렌털 서비스가 있습니다. 렌털 서비스 역시 특정 제품이나 서비스를 구입하는 것이 아닌 사용 목적에 의해 잠시 빌려서 사용하는 제도입니다. 두 사업 모델의 차이점으로는 사용과 해지에 대한 자율성 차이가 있습니다. 렌털의 경우 사용 해지 시 위약금이 발생하기도 하기 때문입니다. 아주 미비한 차이가 있는 것 같지만, 학술적으로는 크게 다르지 않다 생각합니다. 렌털=구독, 구독=렌털. 같은 맥락에서 개념을 이해하시면 좋습니다. 즉 '우리의 제품이나 서비스를 사용자의 목적에 맞게 자유롭게 사용하고 필요에 의해 반납 또는 해지하여 초기 구입 비용을 줄이는 방법 또는 비용이 증가하더라도 본래의 목적 이외 추가적인 혜택을 누리기 위한 방법'이라고 생각하시는 것을 제언드립니다.

아직 B to B에서는 이 구독 경제 시스템이 모호하게 적용되지만, B to B에서 확인이 가능한 대표적인 구독 서비스는 '커피 자판기 임대'입니다. 사무실에서 커피를 먹기 위해 에스프레소 장비를 구입하기 싫을 때 또 에스프레소 장비 이외에도 지속적인 커피의 공급 등을 추가로 서비스하는 구독 시스템이 대표적이라 할 수 있겠습니다. 구독 서비스는 커피 자판기를 임대해 주거나 또는 자판기는 무료로 임대해 주지만 커피를 구독 제품 기업의 커피만 사용하는 등 다양하게 구독 서비스를 제공하고 있습니다.

이 글을 읽고 있는 우리가 주의해야 할 것은 위 예시에서 알 수 있듯이, 바로 추가적인 부분입니다. 그러니까 기계 제공 이외의 서비스 즉 '추가 서비스' 부분을 좀 더 깊게 생각해 보겠습니다.

에스프레소 장비를 취급하는 기업이 에스프레소 장비를 일반 기업에 임대를 해 주게 되면 일반 기업은 장비를 사용할 수 있는 상황에 놓입니다. 장비는 확보하였지만 장비를 사용하기 위한 재료들은 어디서 공급받아야 할까요? 에스프레소용 커피는 에스프레소 장비를 사용하기 위한 재료를 포함해서 인터넷에서 쉽게 구입이 가능합니다. 사실 이러한 부분은 여간 까다롭고 귀찮으면서 생산적이지 않은 행위들입니다. 먼저 우리는 대부분 커피 원두를 선택하는 능력이 부족하여 많은 실수 끝에 나의 기호와 적합한 커피를 선택하게 됩니다. 또 커피의 갈기 수준에 따라 맛이 달라지며, 커피를 추출하는 기압, 온도 그리고 아메리카노 베이스인 뜨거운 물의 온도 등 고려해야 할 게 너무 많습니다. 이렇게 복합적인 것을 합리적인 금액에 외주 처리가 가능하다면 우리는 바로 외주 처리를 할 것입니다. 즉 사용하는 기업이 원하는 것을 제공하면서 추가적인 불편 사항을 동시에 해결해 줌과 함께 합리적인 비용이라면 충분히 구독 서비스가 가능합니다. 그럼 우리는 에스프레소 장비 렌털 기업인가요? 아니면 바리스타 교육 기업인가요? 또는 재료를 납품하는 회사인가요? 모호해집니다. 즉 우리 제품을 구입하는 고객사에게 구입 시 발생하는 초기 비용에 대한 부담을 줄여 주면서 우리가 제공 가능한 편익 즉 추가적인 혜택과 서비스를 계속해서 제공하는 사업 모델이 구독 경제 서비스라 하겠습니다.

추가적인 혜택이나 서비스에 대해 좀 더 명확하게 예시를 들어 보면 B to C의 대표적인 구독 서비스인 OTT가 있습니다. OTT 중에서 넷플릭스를 생각하면 볼거리가 많아서 한 달간 결제를 하고 목표로 하는 것을 달성하면 구독 해지를 합니다. 한 달 구독료는 생각보다 비쌉니다. 하지만 영화 한 편을 생각하면 한 달이라는 기간 동안 다양한 영상을 볼 수 있어서 결제를 진행합니다. 넷플릭스 입장에서 생각하면, 고객의 지속적인 유치를 위해 계속해서 새로운 영상물을 제공합니다. 즉 공급처 측은 우리에게 크게 필요하지 않은 영상물을 계속해서 제공하고 그들이 제공하는 영상물이 우리의 영상 소비 패턴을 파악하여 우리가 좋아할 만한 영상을 계속해서 제안합니다.

구독 경제 모델에서 구독 서비스가 성공하려면, '추가 혜택' 즉 추가 서비스가 매우 중요하다는 것에 대해 일정 부분은 납득되리라 판단하고, B to B에서 대표적인 구독 서비스가 무엇인지 생각해 보겠습니다.

먼저 소프트웨어 B to B 구독 서비스는 MS 社의 대표적인 상품인 MS office 365가 있습니다.

월간 연간 결제로 사용자별 별도의 비용을 받습니다. 우리는 이러한 서비스를 이용하여 프로젝트성 업무를 진행하는 외부 인력에게 특정 기간만 사용해도 되는 서비스 제공을 통해 손쉽게 사무용 소프트웨어를 설치, 실행합니다. 그리고 그들의 업무까지 관리가 가능합니다.

그럼 하드웨어 관점에서 B to B 구독 서비스의 대표적인 상품은 기반 시설에 들어가는 장비들입니다. 예를 들어 공장에서 사용하는 대형 컴프레서, 로봇 등이 해당됩니다. 우리가 진행해야 하는 특정 작업을 위해 일시적으로 필요로 하는 대형 컴프레서(공기 압축기) 또는 범용성 로봇이 해당됩니다.

소프트웨어와 하드웨어 모두의 공통점은 '범용성'입니다. 범용성이 결여된 제품이나 서비스의 구독 서비스의 예시는 다음과 같습니다.

> 일본 산업기기 유통 회사인 미스미 社 자신들의 제품 수요가 많은 기업을 대상으로 고객사 내부에 별도의 장소를 임대하여, 자신들의 제품 창고로 사용하고 있어, 장소를 임대해 준 고객사는 자유롭게 미스미 제품을 반출, 반입하여 수시로 제품을 사용하고 있습니다. 결제 방식은 월 결제 방식으로 진행되며 월간 약정한 금액 이상 고객사가 사용하게 되면 청구 전 사전 비용을 고지함으로써 서로 간에 비용 문제를 해결하고 그리고 또 언제든 고객사가 임대 창고에 대한 계약을 해지하는 것이 가능합니다.

위 예시를 든 일본 기업과 MS 그리고 넷플릭스 모두의 공통점이 있습니다. 바로 사용의 범용성입니다.

우리의 제품이나 서비스가 범용적인 제품이라면, 굳이 단위당 매출을 고집할 필요는 없습니다. 현재의 고객사가 사용하지 않는다면 바로 다른 고객사를 찾으면 되기 때문입니다. 심지어 산업 분야가 달라도 좋습니다. 누구나 우리 제품이나 서비스를 사용한다면 말이죠.

그럼 이러한 공통점인 범용성, 그리고 자유로운 구독 해지를 전제로 구독 경제 서비스 설계 방법론에 대해서 알아보겠습니다.

- **가격**

　구독 서비스 설계 시 가장 중요한 가격 결정입니다.

　가격을 결정하면서 고려해야 하는 것은 제품이나 서비스의 감가를 고려해야 합니다. 제품 제품이나 서비스 단가에 감가 금액을 결정합니다. 감가 금액 결정 방법은 각 기업의 재량이며 보통 제품이나 서비스의 수명을 연간 단위, 월간 단위로 분할하여 결정하게 됩니다.

> 제품 제작 비용/24개월(수명) = 24,000/24=1,000

　위 계산식에 의하면 제품의 수명을 24개월로 계산했고 제작비용에 24,000이 들어가서 월간 감가 비용은 1,000이 되었습니다.

　감가가 결정되면 우리 제품이나 서비스가 시장에서 판매되는 수준을 확인합니다.
　우리의 경쟁사 제품의 가격이 우리 제품의 시장 내 형성 가격입니다. 만약 우리 판매 가격이 경쟁사보다 월등히 높다면, 높음에도 불구하고 경쟁사보다 특별한 특장점이 없다면, 제품의 본원적 특성에 문제가 되므로 본원적 특성 문제는 다루지 않겠습니다.

　이렇게 감가와 시장 내 판매 가격을 고려하면서 우리의 구독 서비스 비용이 결정됩니다. 경쟁사보다 너무 높아도 안 되고, 너무 낮아도 안 되며 유사한 금액으로 결정되는 것이 좋습니다. (가격 결정법 참조.)

보통의 경우 시장에서 판매되고 있는 제품이나 서비스의 10% 수준에서 높게 책정됩니다. 이유는 제품 소유에 대한 영속성이 없음에도 우리가 제공하는 것은 중고 제품이 되기 때문입니다. 만약 우리 금액이 경쟁사보다 낮으면, 굳이 가격을 낮춰서 가격 경쟁력을 확보할 필요가 없습니다. 물론 기업의 마케팅 전략에 의해 비용을 낮게 갈 수는 있지만 굳이 낮은 가격을 형성하는 것을 추천하지는 않습니다.

- **서비스**

우리가 제공하는 비용이 결정되고 나면, 경쟁사보다 높은 비용 한도 내에서 우리가 제공하는 서비스를 구체화합니다. 고객사는 우리가 제공하는 추가 서비스를 매달 사용해도 되고 또는 사용을 안 해도 됩니다. 사용을 안 하게 되더라도, 보통의 경우 잠재적 활용이 가능하다는 심리 아래 해당 비용이 과다하다 생각하지 않습니다. 언제든 고객사가 원하면 즉각 사용할 수 있기 때문입니다. 다만 고객사가 지금 사용하지 않는 것뿐입니다.

도입 비용을 저렴하게 하지만 유지 비용을 비싸게 전략

복사기 등 사무용품을 렌털해 주는 서비스가 대표적인 예시라 할 수 있습니다. 초기 도입 비용은 매우 저렴하게 해서 진입 장벽을 낮추고, 유지 보수 비용에서 수익을 창출하는 비즈니스 모델은 기업 관점에서 관리해야 하는 품목이 늘어날 뿐 실질적인 영업 효과를 기대하기 어렵다 판단하여 저는 이러한 전략을 굳이 추천드리지 않습니다. 과거의 기업들은 크게 문제가 되지 않으면 그냥 이용했지만 지금의 기업은 다양한 방법으로 정보를 수집하기에 '조삼모사'와 같은 가격정책, 판매 정책은 고객사에 통하지 않습니다. 귀사의 제품이나 서비스가 범용성이 가능하다면, 구독 서비스를 진행하는 것도 많이 추천드립니다.

Foot In The Door

FITD로 줄여서 사용하는 매우 오래된 전통적인 단어입니다.

우리말로는 어떻게 표현하는 것이 좋을까요? '고객사와 연락이 되었다?', '고객사와 만남이 되었다?' 수준이 좋을까요? 잘 모르겠습니다. 사실 이 단어는 미국을 중심으로 하는 서구권에서 사용하는 단어이고 한국 같은 정서에서는 서로 일부 공통점을 찾아가는 과정이 있으니, 조금 맥락적으로 이해하시는 것이 좋을 것 같습니다. 공통점? 글을 쓰면서 연상된 이 '공통점'이라는 단어의 의미는 한국에서 매우 빈번하게 세대를 넘나들며 만들어지는 '끼리 문화'라고 할 수 있습니다. 부연 설명을 드리면 한국에서의 FITD는 외국에서 사용하는 의미와 조금 다릅니다. 서구권에서의 의미는 담당자와 상호 작용이 되었을 때 사용하게 되는 것이 바람직하며 한국에서는 '검토할 만한 대상이 되었다' 수준이 적당할 것 같습니다.

B to B에서 사용하는 FITD에 대해서 말씀드리면, 고객사를 방문하기 위한 그 첫 번째 단계에서 고객사에 단순 인사를 한 수준이 아닌 정식적인 미팅을 약속받은 경우 FITD라는 표현이 좀 더 바람직하다 할 수 있습니다.

FITD를 설명하면서 문화 차이를 말씀드리는 게, 한국은 고객사 문을 열고 발을 넣는 것은 생각처럼 그렇게 어려운 일이 아니지만, 물론 너무 어렵지만 미국보다는 어렵지 않다는 말씀입니다. 미국은 마당도 함부로 못 들어가는 그런 나라니 말이죠. 이 FITD를 한국을 기준으로 설명드리기 위해서 문화적 차이에 대해서 길게 말씀드렸습니다. 다시 말씀드리면 서구적 관점에서의 발을 넣어 둔다는 의미는 우리 입장에서 발을 넣어 둔다는 의미가 아니고 이미 몇 번을 통해 고객사와 충분히 교감 진행이 가능한 상태에서 진행됨을 말씀드립니다.

앞서서 말씀드린 '끼리 문화'에 대해 설명드리면, 한국의 이 끼리 문화는 집단에 속하지 않은 경우 집단에 들어가기가 많이 어렵습니다. 또 이 '끼리 문화'의 특징은 직접적으로 '우린 동료다'라고 말하기 어렵고 그렇다고 말 안 하기도 어렵습니다. 물론 '우린 동료야!'가 성립되면 그다음 미팅은 부드럽고 자연스럽게 진행이 됩니다. 하지만 이 '우린 동료야~!'를 만들기까지 과정이 어렵습니다. 특히 '을' 입장에서는 더욱 어렵습니다.

보통 '학연, 지연, 소개를 통한 만남'이 주된 소재가 될 수 있습니다. 이렇게 학연, 지연 등을 통하면 큰 실수가 없다는 전제하에 미팅 자체가 부드럽고 쉽게 진행되지만, FITD 입장에서 그러니까 아무런 관계가 없는 상태에서 만들기란 여간 어려운 것이 아닙니다. 먼저 제가 하는 방법으로는 '지역' 고객사의 다양한 지역을 탐색합니다. 가능한 한 모든 영역을 탐색합니다. 가장 기본적으로 고객사 담당자의 거주지를 자연스럽게 물어봅니다. 그 지역이 회사 근처일 수도 있고 회사와 떨어진 곳일 수도 있고 회사 근처라 하면 회사 근처의 명소 명물을 이야기하는 것이 자연스럽습니다. 예를 들어 경기도 화성에 있는 고객사를 처음 방문해서 '지역'을 물어본다면 "경기도 화성은 수원 화성하고 거리가 있는데 왜 화성일까요?" 또는 "경기도 화성은 수도권에서 찾기 어려운 공룡알 화석이 있는 곳이라는데 혹시 가 보셨어요?" 등과 같은 방문하는 지역의 가벼운 주제를 중심으로 이야기를 합니다. 이른바 지역을 중심으로 공통점을 찾으려는 'Ice breaking'이 될 수 있습니다.

해당 지역에 대해 이야기하다 보면 자연스럽게 근처 지역에 대해서도 이야기가 나오고 여기서 파생되는 이야기를 하다 보면 화자 간 공통점이 나오고 이 공통점을 시작으로 '우린 동료야~!'가 성립되면 자연스럽게 '끼리 문화'가 되는 것입니다.

20대 후반, 30대 초 중반의 한창 일을 하는 나이대의 남성을 생각해 보겠습니다.

우리가 상대방을 만나면 '갑', '을' 관계가 이미 정해져 있기 때문에 '을'의 입장에서 너무 저자세로 나가는 것은 조금 부담스럽습니다. 그리고 또 남자들이 흔히 하는 '나이로 인한 서열 정리' 역시 너무 강조하는 것도 부담스럽습니다. 참 애매하고 어려운 대화의 시작입니다. 이때 가장 사용하기 적합한 주제가 '과학, 경제, 정치' 이슈입니다. 먼저 경제는 주식이 될 수도 있고 세계적인 화제가 될 수도 있고 글을 쓰는 시점 기준으로 ChatGPT라는 어마어마한 서비스도 있습니다. 이러한 기술이 앞으로 좋은 수단이 될 수 있고 정반대일 수도 있는 것이 바로 과학입니다. 이런 것으로 자연스럽게 이야기를 해도 되고 또 주식 이야기도 좋습니다. 비트코인 이야기도 좋지만, 비트코인이 주는 이미지는 주식보다 강하다 보니 추천드리지는 않습니다. 마지막으로 정치인데 정치적 입장을 표현하는 것은 매우 조심스럽게 나타내는 것이 좋습니다.

이러한 이야기를 자연스럽게 하는 이유는 바로 갑을 관계에 대한 딱딱한 선이 아닌 상호 간에 교감을 만들기 위한 단계입니다.

이번에는 여성 입장에서 생각해 보겠습니다. 제가 여성이 아니다 보니 다소 표현이 적합한지는 모르겠습니다만 생각을 해 보면 취미나 관심사에 대해서 이야기를 하는 것도 있겠습니다. 이러한 취미나 관심사는 상대방이 같을 경우 폭발적인 대화가 가능하고 상대방이 모를 경우 소소하게 이야기가 됩니다. 대표적인 것이 가수나 노래에 대해 이야기하는 것을 포함하여 TV 드라마도 해당이 되겠습니다. 또 일상 이야기도 좋습니다. 서로 간에 일상 이야기, 특히 삶에 도움이 되는 일상 이야기나 TIP들은 호기심과 함께 관심사를 유도해 나갈 수 있습니다.

저는 유부남으로 아이가 초등학교 1학년입니다. 아이들의 시각으로 보는 방법을 말씀드려 보겠습니다. 2023년 초등학생들의 최대 관심은 포켓몬스터 게임입니다. 친구들끼리 특히 처음 만나는 친구들이 서로 간에 공통점을 찾기 위한 소재로 주로 포켓몬스터를 이용하는 것을 확인했습니다. 물론 '너 몇 살이야?'라는 말이 선행되지만 이는 한국 특유의 문화이고, 나이 차를 확인하고 나면 바로 서로 제일 좋아하는 것 중 공통적인 포켓몬스터로 서로의 공통점을 찾아 갑니다.

여러 나이대와 성별을 대상으로 대화하는 방법에 대해서 이야기를 하였습니다. 이 대화하는 방법이 왜 어려운지에 대해서도 말씀드렸습니다.
아무리 어려워도 우리는 고객사와 상호 작용을 해야 하기에, 본 챕터는 가볍게 읽어 보시고 고객사와 대화를 준비해 보시는 것은 어떨까 제언드립니다.

내부 수익률 분석

매번 간과하는 것이 내부 수익률입니다.

이른바 '마진'이라고 할 수 있는데, 누구나 손해 보는 장사는 안 하려고 합니다. 그래서 대부분 원가에 마진을 보태서 판매하며, 간혹 마진의 일부를 할인해 주는 것을 가격 프로모션이라고 합니다. 이러한 가격정책은 매우 당연한 조치입니다. 왜냐하면 우리가 힘들게 일한 것이 손해가 나면서 판매할 수는 없으니 말입니다.

그럼 내부 수익률을 제대로 알고 있으면 어떠한 긍정적인 것이 있을까요? 일단 쉽게 생각해서 손해 나는 장사는 안 하게 됩니다. 하지만 다시 생각해 보겠습니다. 지금까지 손해 나는 사업을 한 적이 있으신지요? 아마도 고객사의 일방적인 조치가 아닌 경우 손해를 보면서 사업을 하신 적은 없을 것입니다. 그렇다면 수익률을 왜 알고 있어야 할까요? 내부 수익률을 제대로 알고 있으면, 경영 전략, 마케팅 전략 등 앞날을 예측할 수 있으며 이러한 예측을 통해 진행되는 모든 업무는 명확한 목표가 있습니다.

즉 내부 수익률을 명확하게 알고 있으면, 우리는 항상 대비할 수 있고 예측할 수 있습니다. 그렇기에 내부 수익률 계산은 매우 중요한 분석 기법이며 특히 신사업 개발을 할 때 수익률을 계산함으로써 신사업을 진행할지 말지를 결정하는 척도로도 사용합니다.

이러한 예측에서 중요한 것은 고객사의 수요 예측입니다. 수요 예측을 하는 방법은 여러 가지가 있지만 그중 대표적인 것 몇 가지를 설명드리면 아래와 같습니다.

• 고객의 잠재적인 수요 예측 방법

시장 조사법

시장의 상황에 대한 자료를 수집하고 이를 이용하여 예측하는 방법으로 직접 물어봐서 추정하는 방법입니다.

패널 동의법

패널의 의견을 모아 예측치를 활용하는 방법으로 해당 분야 전문가나 종사자를 대상으로 질의응답 및 토론을 통해 추정하는 방법입니다.

경영진 의견

경영진이 판단하는 방법입니다. 특별한 규칙이 없고 그냥 대표자가 판단하는 것입니다.

이외 통계적 관점에서 주로 수행하는 방법으로는 이동 평균법, 지수 평활법, ARIMA 방법이 있습니다. 이러한 예측법은 데이터가 많을수록 예측치가 올라갑니다.

- **내부수익률을 계산하는 방법**

내수 수익률을 계산하는 방법은 의외로 간단합니다.

매출 – (생산 비용 + 직접 관리비 + 간접 관리비) = 마진

매우 간단합니다. 쉽게 계산되는 내부 마진이 곧 수익이라 할 수 있겠습니다. 이러한 수익을 요율로 계산한 것이 수익률 즉 아래와 같습니다.

마진 * 100 / 매출 = 마진율

너무나도 간단한 수식입니다. 마진율은 수익률이 아니므로 수익률을 계산하기 위해서는 특정 기간(목적으로 하는 기간, 보통 3년) 판매되는 수량을 예측해서 그 수량에 마진을 더한 것이 곧 수익률입니다.

다음 예시는 36개월간 판매 실적을 추정해서 계산하는 방법입니다.

월간 매출 – (월간 생산 비용 + 월간 직접 관리비 + 월간 간접 관리비) * 36개월 = 마진

마진 * 100 / 매출 = 마진율

제품당 마진을 월간으로 계산하고 이것을 다시 36개월로 계산한 것입니다. 정말 간단한 계산법이지만, 이러한 계산을 안 하고 사업을 하시는 경우가 매우 많습니다. 이러한 마진의 결과를 가지고 우리는 내부 수익률이라 합니다. 물론 내부 수익률 계산에는 여기에 보다 더 많은 수식이 들어가고 보다 더 복잡한 방법이 적용되지만, 이렇게 간단한 방법임에도 불구하고 수익률을 계산 안 하는 경우가 매우 많습니다.

사실, 이 글을 쓰는 시점에서 어떻게 보면 하나 마나 한 그리고 매우 간단한 이야기를 기록하지만, 이렇게 간단한 것임에도 불구하고 중소기업에서는 좀처럼 활용하지 않기에 한 챕터를 빌려서 작성하게 되었습니다.

내부 수익률을 면밀하게 계산하는 이른바 '타당성 분석'에는 이러한 내부 수익률이 매우 높은 수준에서 적용됩니다. 이러한 예시는 확장판 책에서 다루겠습니다.

Just In Time Delivery System

JIT 시스템은 적시 생산 시스템이란 뜻으로 일본 토요타가 개발한 시스템입니다.

물론 하버드 비즈니스 스쿨에도 종종 언급되는 방법이며, 우리나라에서도 많이 교육되고 있습니다(2022년 기준으로). 이 단어 JIT에 임의로 Delivery를 붙여서 적시 생산을 위한 납품 방법이라는 주제로 이야기를 하고자 합니다.

먼저 JIT의 핵심 내용은 이렇습니다.

1. 생산량이 줄어들어도 생산성을 올리자. 절대적인 양보다도 생산성을 강조한 것으로, 생산 물량이 조금 줄더라도 효율이 올라갈 수 있다면 그렇게 하는 것입니다. 예를 들어 100개를 생산할 때 자원이 100개 필요하면 120개를 만들기 위해서는 120

개의 자원을 투입하면 됩니다. 이런 것이 생산량 중심의 방식이고 JIT에서는 생산량 관점이 아닌 생산성 관점으로 보아야 합니다. 100개를 생산할 때 100개의 자원이 필요하고 80개를 생산할 때 80개의 자원이 아닌 75개의 자원이 요구된다고 가정하겠습니다. 100개 생산 시에는 생산과 자원이 1:1이지만, 80개 생산 시에는 75개의 자원이 요구되므로 1:0.93이 됩니다. 이럴 경우 100개가 아닌 80개를 생산하자는 개념입니다. 즉 재고 무결점으로 최적의 생산 조건을 수립하자는 개념입니다.

2. 필요한 것을 필요로 할 때 만들자, 라는 의미로 초과 생산을 하지 말자는 의미입니다. 초과 생산을 하게 되면 초과 생산분에 대한 재고 관리 비용이 발생하게 되므로 결국에는 생산성이 줄어드는 일이 발생하기 때문입니다.

3. 다기능의 일 처리 방식으로 각 작업별 업무가 다르기 때문에 자기 자신 스스로 업무 로스를 줄이기 위해 여분의 제품을 만드는데, 이러한 부분을 없애자는 것입니다. 즉 낭비 없는 준비라 할 수 있습니다.

4. 빨라도 늦어도 안 되는, 즉 적시 생산을 다시 이야기하면 '생산=돈'이므로 돈이 필요할 때 사용하듯 외주를 포함하여 필요로 할 때 사용하는 것입니다.

위와 같은 방식이 지금은 확장이 되어서 다품종 소량 생산에 적합한 방법이 됩니다.

이 방법은 너무 좋은 방법입니다만, 우리 고객사들이 좋아할까요? 가감 없이 말씀드리면 저런 방법은 대기업이니깐 그리고 절대적인 물량이 되니 가능한 방법이고 우리 중소기업 입장에서 가능할까요? 그럼 우리 중소기업에 적합한 생산 방법은 무엇이 있을까요? 물론 다양한 논의와 연구가 필요함을 전제로 말씀드리면 우리 고객사는 그냥 약속한 날짜에 납품만 해 주면 됩니다. 더 빨리 만들어서 납품할 필요도 없고 늦어서는 안 됩니다. 즉 담당자가 예상하는 날짜에 가져다주기만 하면 됩니다. 이를 위해서는 몇 가지 전제 조건이 필요합니다.

- **1- 강력한 생산 예측 시스템의 구축**

예측 시스템입니다. 우리가 흔히 이야기하는 MES가 아닌 APS 개념의 구축입니다. 시스템을 구축하는 데 다소 비용이 발생하더라도 구축을 하는 것이 바람직하며 구축 시스템에 따라 비용이 상이하지만 평균적으로 3,000만 원~10,000만 원 즉 3천에서 1억 정도 발생합니다. 이러한 시스템 구축 비용이 없으시면 비용을 확보하실 때까지 비용을 확보하십시오. 절대 비용이 아깝지 않습니다. 그럼 '강력한'은 무엇이냐 하면 바로 대표자의 의지입니다. 이러한 시스템을 아무리 구축해도 대표자가 전사적으로 사용하게 독려하지 않으면 필요 없는 시스템입니다. 그러므로 대표자의 강력한 의지가 필요합니다.

• 2 - 예측에서 오는 신용 확보

납기는 무조건 빨라야 하는 게 바람직하던 시절이 있었습니다. 2000년도 중반까지만 해도 그랬지만 글을 쓰는 시점인 2023년도에는 그렇지 않습니다. 하지만 말로는 빠른 납기를 강조하고 있습니다. 빠른 납기를 싫어하지는 않으니 말이죠.

(1)번에서 강조하는 정확한 납기가 예측이 된다면, 우리는 규칙적인 날짜에 규칙적으로 납품이 가능합니다. 이것은 곧 신용입니다. 즉 납기에 대해서 고객사가 예측 가능하다는 것으로 '저 기업에 발주를 하면 정확한 시간 안에 자재가 도착하니 그다음 작업을 하면 되겠네' 입니다.

실제 현장에서는 대기업이라 할지라도 납기가 우후죽순입니다. 하지만 우리는 정확한 날짜에 납기가 된다면 담당자 입장에서 너무 편합니다. 이유는 단순합니다. '예측' 가능하기 때문이죠.

이렇게 예측이 가능하여 성공한 사례의 대표 격으로 다음 사례가 있습니다.

일본 미스미 산업에 필요로 하는 종합 자재 회사로 국내 및 중국 제품보다 비싼 제품입니다. 하지만 품질은 확실합니다. 사실 확실하지는 않습니다만 전반적으로 좋습니다. 여기의 판매 방식은 총 3가지로 구분이 가능합니다.

1. 온라인상 주문 및 납품

일종의 카탈로그 방식의 온라인판으로 쇼핑몰에서 물건 고르듯 합니다. 이게 가능하려면 디자인의 표준화와 정확한 납기가 있어야 합니다. 미스미는 온라인 플랫폼을 통해 주문을 받으면 협력사로 바로 전달되고 협력사는 약속한 날짜에 납품만 하면 됩니다. 정확한 납기가 가능한 이유는 협력사가 확실하게 납기 일자를 말해 주기 때문입니다.

2. 상주 판매 하는 방법

매일 자주 사용하는 자재들은 고객사에서 미리 예측하고 구입이 어려운 경우 미스미 사가 고객사의 창고 일부에 또는 고객사 회사 가장 가까운 곳에 창고형으로 전시장을 만들고 물건을 필요로 할 때마다 담당자가 직접 가지고 나갈 수 있게 합니다. 편의점에서 물건을 구입하는 것과 같은 원리입니다.

3. 고난도 고가의 제품은 대면 판매를 합니다

로봇이나 어떠한 고가의 시스템은 실수가 있으면 안 되기에 대면 미팅을 통해 자재를 납품합니다. 우리들이 하는 일반적인 납품 방법하고 크게 차이가 없습니다.

이렇듯 미스미의 방식을 차용하는 것도 바람직합니다. 하지만 이런 것들이 가능하기 위해서는 먼저 시스템의 구축, 대표자의 의지 이 두 가지를 다시 한번 강조합니다.

그럼 이렇게 위대하고 대단한 시스템은 대기업만 구축이 가능하느냐는 것입니다. 중소기업도 가능합니다. 최소 수준에서 시스템 구축이 가능합니다.

먼저 시스템을 구축하기 위해 선행되는 것이 내부 시스템의 정량화입니다. 내부 시스템의 정량화란 '고객사 발주부터 제품 생산까지의 모든 프로세스에 대한 단계별 구분', '각 단계별 소요되는 시간 설정'입니다.

이 두 가지를 먼저 구축하고 나면, 각 단계별 시간이 많이 투입되는 구간에 대해 확인이 가능합니다. 보통 제조나 생산에서 시간이 발생하게 되는데, 시스템의 각 단계(모듈)별 관찰을 하면 시간이 발생하게 되는 이유와 원인이 보입니다. 특히 이러한 시간과 원인이 행정적인 요소라면 당연히 이러한 시간을 충분히 줄일 수 있습니다. 이러한 과정은 엑셀로도 충분히 관리가 가능합니다. 고객사 발주부터 BOM 작성, 납품 사양서 작성, 생산 계획 수립, 납품 등 모든 단계를 순서에 의해 정리를 하고 각 단계별 소요 시간을 분석하셔서 엑셀로 정리하시면 수작업이지만 이러한 관리가 가능합니다. 이후 생산성이 향상된다면 이것을 자동화하는 프로세스 도입을 진행하시면 되겠습니다.

결정권자 Direct Sale 방법

매우 생소한 전략으로 들리실 것입니다. 이 사례는 매우 독특하기도 하지만 이 방법이 통하기 위해서는 해당 산업 분야에 제법 유명해져야 가능한 일이기도 합니다. 이러한 유명해진다는 의미는 단순하게 '전관이어서 된다', '상대방과 매우 깊은 관계의 위치다'라는 인맥을 통한 판매가 아닌 상대방 결정권자와 직접 상담하고 판매를 하는 방법이어서 특정 분야에 독보적인 실력과 함께 오랜 기간 네트워크를 필요로 하는 방법입니다.

우리가 물건을 판매하기 위해서 결정권자를 설득하고 결정권자를 설득하기까지 많은 시간이 걸리는 건 당연합니다. 만약 고객사의 결정권자와 처음부터 이야기를 하면 당연히 일은 빨라집니다. 하지만 결정권자가 우리를 만나 주지 않아 어려운 경우가 많습니다. 사실 고객사의 규모가 10인 미만 사업장으로, 고객사 대표를 직접 만나기란 여간 어려운 것이 아닙니다.

결정권자 디렉트 세일즈 방법에 대해 알아보겠습니다.

이 방법은 제품을 판매하기 위해서 국내 및 해외 고객사의 임직원 및 대표에게 직접 연락을 합니다. 물론 직접 연락이라는 의미에 앞서서 사전에 일정 부분 교감은 필요합니다. 예를 들어 연락처도 알아야 하고 상대 기업은 우리 기업이 어떤 기업인지도 알아야 합니다. 이러한 최소한의 사전 교감이 없다면 아마도 잡상인 취급을 받을 수 있으며 심지어, 실무자들이 매우 불편하게 생각할 수 있습니다.

먼저 제가 직접 경험한 케이스를 예시로 설명드립니다. worst 케이스입니다.

제가 다른 조직에 있었을 때의 경험입니다. 저희 팀은 신제품 개발 부서였고 새로이 만든 제품이 시장 출시 후 이렇다 할 실적이 없어서 해당 사업의 방향성을 바꾸어야 하나? 하는 고민까지 해야 하는 수준이었습니다. 물론 제가 속한 조직은 신제품을 개발해서 시장 출시를 하고 나면 그다음 다른 제품을 또 개발하는 그런 조직이어서 언제든 사업 아이템을 매몰시켜도 크게 부담이 없는 조직이었습니다.

개발한 제품은 외산 제품을 모방해서 더 월등한 수준의 제품을 만들었습니다. 그리고 당시 아시아 시장은 해당 외산 제품을 만들 수 있는 경쟁사들이 일본의 2곳 이외에는 없었습니다. 유럽 및 미주 지역에 일부 경쟁사가 있었지만, 목표로 하는 시장이 달라서 경쟁자라 하기 조금 모호한 부분이 있었던 상황입니다. 그러니까 시장 자체가 당시 시점에 그렇게 큰 시장이 아니었습니다.

아시아 지역에서는 저희 '고객사가 될 뻔'한 기업 국내 1위 규모, 아시아 3위 규모였습니다. 고객사는 주로 일본 제품을 사용하는 기업이었고 국내 대부분 기업들이 일본 제품을 구입하던 시기였습니다. 한국 제품이 등장하고 시장 반응은 좋았지만, 다양한 프로모션에도 불구하고 저희 제품을 선뜻 구입하지 않았습니다. 그 시점에서 벌어진 일로서 위 '뻔'한 고객사 대표에게 직접 연락을 취했습니다.

"어디 어디에서 인사를 했던 ○○ 회사 홍승민입니다. (물론 저 혼자가 아닌 조직이지만 편의상 제 이름으로 하겠습니다.) 최근 사업 확장을 위해서 ○○ 제품을 구입한다고 소문을 들었는데, 우리 제품을 검토해 주시면 감사하겠고 만약 구입을 하신다고 하면 50% 할인된 비용으로 파격적으로 제공하겠습니다. 기회를 부탁드립니다"라는 메일과 전화를 통해 이야기했습니다.

만날 약속을 나중에 정하기로 하고, 내부적으로는 이러한 방법도 나쁘지 않은 방법이라 자신했습니다. 하지만 결과는 저희 제품을 해당 기업에 단 하나도 심지어 샘플조차도 보내지 못했습니다. 나중에 들은 이야기로는 너무나 단순하게 '대표는 만나 보라 지시했지만, 실무자 입장에서 기분이 나빠 등의 판정 결정'을 한 경우입니다. 그러니까 결정권자와 한두 번 본 사이라면 이런 Direct Sales 방법이 절대 안 통한다는 이야기입니다.

다음은 저희 고객사 케이스로, 먼저 배경부터 말씀드리면, 저희 고객사는 장비 제조 회사로 다년간 동일 전시회에 참가했습니다. 수년간 참가하면서 매번 보는 담당자들이 있습니다. 그들과 다년간 교류를 통해서 물건을 사용해 보지 않아도 충분히 저희 고객사 제품의 우수성과 특장점을 자연스럽게 알게 된 경우입니다.

고객사들은 보통 기업의 규모와 상관없이 속한 산업 분야의 가장 권위 있는 대표 전시회는 해당 기업의 결정권자가 직접 참가하게 됩니다. 최소한 의사 결정권을 가지고 있는 임직원은 반드시 참석을 합니다. 저희 고객사는 한국의 작은 중소기업으로 해마다 전시회를 참가하면서 처음 2~3년은 모르고 지나치는 그 정도 규모의 기업이 4년 차 5년 차가 되면 눈에 보이게 됩니다. 그럼 관심이 생기는 것이고 거기에서부터 영업이 시작되는 것입니다. 즉 자주 보니 왠지 믿음이 가는 그런 의미입니다. 그러한 관계에서 커뮤니케이션이 시작된 경우입니다.

물론 고객사의 결정권자가 찾아오기까지 가만히 기다리면 안 되고 열심히 움직이면서 네트워킹을 해야 하는 건 당연한 것입니다. 또 당장은 의사 결정권자가 아니더라도 오랜 기간 그렇게 세월이 흘러 우리 회사가 성장하듯 고객사의 담당자도 성장을 하게 되니 직접 결정권자와 제품에 대해 논의하는 것이 가능하게 되는 것입니다. 매우 오랜 기간 지속적인 관계를 통한 서로 간의 신뢰성 구축. 이런 것이 가능한 상태에서 결정권자 Direct Sales 방법이 통합니다.

연락을 해서 제품을 판매하는 매우 단순한 방법입니다. 고객사와 시차가 발생할 수도 있고 갑자기 연락하는 것이 예의가 아닐 수도 있으니, 메일이나 문자 등으로 가볍게 목적을 제시하고 전화로 합니다. 또는 직접 방문부터 합니다. 물론 방문 전에 메일 등으로 간단하게 이야기를 하고 방문을 하게 됩니다. 이 대표님의 다른 방법으로는 서로 사전 교감이 없이 그냥 알고만 지내는 사이라 하더라도 명함 한 장의 주소로 연락해서 미팅을 하고 발주를 받아 옵니다.

이런 것이 가능하기까지는 해당 산업에서 제법 유명한 기업이어야만 가능합니다. 그러지 않은 상태에서 어설프게 접근하게 되면 쉽게 성공하지 못하는 방법입니다.

자사의 브랜드를 측정하는 방법

브랜드 인지도를 측정하는 방법은 매우 어렵습니다. 가장 전통적인 인지도 측정 방법은 질문지법입니다. 이 방법 이외 구글 애널리틱스에서 제공하는 방법이나 기타 논문 등에서 사용되는 방법 그리고 독자적인 개발 방법을 통한 측정 방법 등이 있고, 이러한 방법들은 전부 자신들의 방법이 객관적이고 증명 가능하다고 합니다. 하지만 그럼에도 불구하고 브랜드 인지도를 측정하는 방법은 많이 어렵습니다. 그리고 또 어떠한 방법이든 측정이 돼서 숫자로 증빙이 가능하다 하여도 실제 확인된 브랜드 지수는 우리가 직접 비즈니스를 할 때 대부분 불필요합니다. 이러한 이유로 우리 기업의 인지도 측정 자체가 과연 합리적인 하는 생각이 들기도 합니다. 특히 B to B 입장에서는 말입니다.

우리 회사 브랜드를 올리면 우리 고객사들은 어떤 반응을 할까요? 그냥 노출이 잘되는 기업으로 인지를 할지, 아니면 기술력이 좋은 기업으로 인지를 할지, 아니면 고객사가 요구하는 사항을 잘 들어주는 기업으로 인지를 할지 어떤 식으로 인지를 할까요? 정말 궁금한 사항인데 다음 기업들을 예시로 보겠습니다.

주성엔지니어링, SFA, 세메스, 미즈미, 훼스토

위 기업들 중 몇 개의 기업을 알고 계시나요? 아마도 관련한 종사 산업이 아니면 모르실 수도 있습니다. 하지만 위 기업들은 최소 수천억 원에서 조 단위까지 매출이 발생하는 기업이고 글로벌 기업도 있습니다. 글을 읽으시는 분들은 위 열거된 최소 수천억 원 매출을 내는 그렇게 큰 회사가 있다는 사실을 왜 모르시나요? 이렇게 큰 회사들이 왜 브랜드 가치를 올리는 브랜딩 활동을 하지 않았을까요?

정답은 단순합니다. B to B는 사실 브랜딩이 필요 없습니다. 그렇기 때문에 브랜드 인지도 자체를 측정할 필요가 없습니다. 그럼에도 불구하고 브랜딩을 해야 할까요? 그렇다면 제 답변은 "당연히 해야 합니다"입니다. 잠재적인 고객사를 확보하기 위해서는 당연히 우리 회사를 알려야 하고 그러기 위해서는 우리 브랜드를 알리는 것이 매우 바람직합니다. 그럼, 우리 브랜드를 알리기 위해서는 어떤 행동들을 해야 할까요? 역시 매우 간단합니다. 먼저 경쟁사를 조사하고 그들이 무엇을 하는지 확인한 다음, 그들보다 더 하면 됩니다. 너무 다행인 건 B to B 기업들은 브랜딩을 거의 안 한다는 것입니다. 그래서 기업의 브랜딩을 하기 위해서는 먼저 우리 브랜드에 대한 측정과 진단이 필요합니다. 다소 이해가 안 되실 수도 있는데 화장품 제조 판매 시장에서 '한국콜마'에서 외주 생산을 했다고 하면 소비자들은 일단 품질에 대한 의심을 하지 않습니다.

• 브랜드 측정과 진단

브랜드 진단과 측정하는 방법은 그리 체계적이지도 않고 정량화되지도 않았습니다. 국내 유명한 브랜드 관련 상패 역시 실제 브랜딩하고는 거리가 먼 사업이 대부분이기 때문입니다.

그럼에도 불구하고 우리는 측정을 해야 합니다. 그럼, 이런 방법은 어떨까요? 각 언론사별, 매체별로 우리 기업에 대해서 언급하는 모든 정보들을 수집해서 비교하여 분석해 보는 건 어떨까요? 그럼 우리 기업이 얼마나 많이 외부에 노출되는지 측정되지 않을까요? 이러한 관점에서 브랜드 인지도를 측정하고 계량하는 순서와 방법 그리고 전략에 대해 말씀드리겠습니다.

• 브랜드 인지도 측정 및 전략 프로세스

1. 경쟁 기업 선정
2. 경쟁 기업 시장 순위 측정
3. 경쟁 기업 분류

우리 기업보다 매출액, 유명도 등 높은 순으로 챔피언 기업, 격차가 높은 기업, 격차가 중간인 기업, 격차가 낮은 기업, 격차가 아래로 낮은 기업, 중간인 기업, 높은 기업
4. 분류된 기업에서 리서치를 위한 기업 선별. 단, 격차가 중간 이상인 기업은 있어야 함
5. 경쟁사를 대상으로 온라인 노출 조회
  신문, 블로그 게시글, 카페 게시글, 광고 게시글
6. 온라인 노출 매체별 무게 할당 신문 50%, 블로그 20%, 카페 30% (작성자의 직관에 따른 할당)
7. Σ (노출 숫자 * 무게) = 브랜드 지수

이렇게 측정된 수치는 우리 경쟁사의 위치와 최고 수준의 시장 내에서 위치 파악이 가능해집니다. 이러한 위치가 특정된다는 것은 곧 우리가 나아가고자 하는 방향성 설정이 가능하다는 것입니다.

이러한 프로세스를 기획하면서 실제 어려운 부분은, 경쟁 기업의 노출 정도를 무엇으로 결정할 것이며 해당 정보는 어디서 추출할 것인지를 확인하는 부분입니다.

먼저 노출 정도를 판단하는 기준은, 가장 일반적인 것으로, 신문에 노출되는 수준입니다. 신문의 노출 수준은 객관성을 유지하기에 무게를 높게 책정해도 좋습니다. 그다음 중요하게 보는 부분은 각 포털

별 노출되는 블로그, 카페, 광고 게시 글입니다. 블로그, 카페, 광고의 우선순위와 중요도는 조사하는 조사원의 의견에 따라 달라질 수 있으나, 제안드리는 부분은 구글, 네이버, 다음 3대 포털과 3대 포털 외 사이트를 구분하셔서 노출 정도를 따로 평가하시는 것이 좋습니다. 예를 들어 같은 게시 글이라 하더라도 구글, 네이버, 다음은 따로 노출이 되거나 같이 노출되는 경우가 있습니다. 우리가 판단해야 하는 것은 같은 게시 글이 다른 포털에 노출되는 경우, 이를 높게 볼 것인지 중복으로 볼 것인지에 대한 것입니다. 아직 이러한 노출 수준이 객관적으로 바람직하다, 바람직하지 않다는 연구가 진행되지는 않았지만, 중복 노출은 사용자에게 각인 효과가 형성되어 부지불식간에 스키마가 형성됩니다. 그러므로 단독 포털에 노출되는 것보다 다양한 포털에 중복 노출되는 것이 바람직하다고 판단합니다.

또 포털에 노출되는 순위를 조사하기 위해서는 별도의 웹 정보 수집 프로그램이 필요합니다.

글을 마무리하면서

안녕하세요, 홍승민 지도사입니다. 저는 중소기업 컨설팅을 하고 있으며 기술사업화가 제 전문 영역입니다. 구체적으로는 신제품 개발에서 초기 시장 진입까지 지원하고 있습니다. 그리고 당연하게도 다양한 디자인을 컨설팅하고 있습니다.

저는 우리나라 중소기업의 현실에 적합한 마케팅 관련 서적을 가장 친숙한 관점에서 접근하고자 본 책을 쓰게 되었습니다. 본 책을 마무리 내용까지 읽어 주시는 분들은, 이 책에 나온 내용만 얼추 따라 하기만 해도 웬만한 마케팅 조직을 가지고 있는 기업보다 더 높은 수준에서 마케팅을 능력을 보유하셨다고 이야기해도 과언이 아닙니다. 농담이 아닌 진담입니다. 이 책을 읽으시면서 조금 이해가 어렵다 하시면 두 번 세 번 읽어 주시면 됩니다. 그럼 별도의 노력 없이도 어느 순간 마케팅 전문가가 되어 있을 것입니다. 장담합니다. 시작 글에 말씀드린 대로 '어디서 마케팅 좀 친다'는 이야기를 충분히 들으실 수 있습니다.

  마지막으로 시작 글에서 본 책은 과장급까지만 추천한다고 했습니다. 하지만 경영학과 마케팅 전공자가 아니면 사실 차장 부장도 이런 내용을 잘 모릅니다. 그냥 대충 그런가 보다 하고 이해는 하지만 절대 세부적인 내용까지는 알 수 없습니다. 그러니 이 글을 읽으시는 사회 초년생분 그리고 대리님, 과장님. 자신을 가지십시오. 그리고 차장님 부장님, 지금 아래 직급 팀원이 바짝 추격합니다. 이제 '확장판'을 읽으시고 뭐 좀 배웠다고 기어오르는 대리, 과장들로부터 존경받는 상급자가 되는 것입니다. 그럼 확장판에서 뵙겠습니다.